COLLECTION PARCOURS D'UNE ŒUVRE
Sous la direction de Michel Laurin

L'ÉCOLE DES FEMMES

DE

MOLIÈRE

ÉDITION PRÉSENTÉE, ANNOTÉE ET COMMENTÉE

PAR

MICHEL FOREST

PROFESSEUR AU CÉGEP DE SAINT-LAURENT

Beauchemin

CHENELIÈRE ÉDUCATION

L'ÉCOLE DES FEMMES de Molière
Texte intégral
Édition présentée, annotée et commentée
par Michel Forest
Collection «Parcours d'une œuvre»
sous la direction de Michel Laurin

© 2003 **GB** Groupe **Beauchemin**, éditeur ltée

Beauchemin

CHENELIÈRE ÉDUCATION

5800, rue Saint-Denis, bureau 900
Montréal (Québec) H2S 3L5 Canada
Téléphone : 514 273-1066
Télécopieur : 514 276-0324 ou 1 888 460-3834
info@cheneliere.ca

Nous reconnaissons l'aide financière du gouvernement du Canada par l'entremise du Programme d'aide au développement de l'industrie de l'édition (PADIÉ) pour nos activités d'édition.

ISBN : 2-7616-1596-4
Dépôt légal : 4ᵉ trimestre 2003
Bibliothèque nationale du Québec
Bibliothèque nationale du Canada

Imprimé au Canada
4 5 6 7 8 ITG 16 15 14 13 12

Supervision éditoriale : Catherine Lassure et Claude Roussin
Coordonnatrice à la production: Maryse Quesnel
Charge de projet : Catherine Lassure et Claude Roussin
Révision linguistique : Nathalie Dompierre et Sophie Pouliot
Correction d'épreuves : Nathalie Dompierre
Recherche iconographique : Claudine Bourgès et Josée Doucet
Demande de droits : Claudine Bourgès
Conception graphique : Martin Dufour, a.r.c.
Conception et réalisation de la couverture : Christine Dufour
Typographie et retouche des illustrations : Trevor Aubert Jones
Impression : Imprimeries Transcontinental inc.

Table des matières

Molière.

«Bien des gens ont frondé d'abord cette comédie...»

Molière, préface de la première édition.

La première représentation de *L'École des femmes*, en décembre 1662, marque un point tournant dans la carrière de Molière. Pour la première fois, l'auteur compose une comédie en cinq actes et en vers, reprenant ainsi la structure traditionnelle de la tragédie, alors considérée comme le genre dramatique le plus prestigieux. *L'École des femmes* est donc la première grande comédie de Molière, sa première tentative d'élever, par la rigueur de son sujet et de sa composition, la comédie au rang de la tragédie. Molière fait également preuve d'audace dans le choix du thème abordé dans la pièce : l'éducation des jeunes filles est un sujet tout à fait d'actualité dans la France du XVIIe siècle, époque qui voit naître les salons artistiques et littéraires animés par des femmes de la haute société. *L'École des femmes* remet en question le mariage de raison, dans lequel le bonheur de la mariée est sacrifié au profit d'avantages relatifs à l'argent ou au rang social.

Le public parisien acclame la pièce, présentée à de nombreuses reprises. *L'École des femmes* remporte un vif succès, mais un succès de scandale. Admirateurs et ennemis de Molière s'affrontent dans un débat qu'on a surnommé «la querelle de *L'École des femmes*». Cette querelle, qui inspire deux nouvelles pièces de théâtre à Molière, dure toute l'année 1663. *L'École des femmes* est la première œuvre de Molière qui suscite la controverse. Elle ne sera pas la dernière...

De nos jours, *L'École des femmes* demeure l'une des pièces de Molière les plus admirées et les plus jouées. Chaque époque, semble-t-il, impose son interprétation particulière du texte. Les contemporains de Molière voyaient en

Arnolphe un bouffon ridicule et s'amusaient de ses déconvenues. Les romantiques du XIXe siècle, au contraire, le représentaient comme un amoureux maladroit et tragique. L'ambiguïté de ce personnage inspire encore aujourd'hui acteurs et metteurs en scène. Loin d'avoir été affectée par le passage du temps, la pièce suscite toujours de nouvelles interprétations, autant par la richesse de la psychologie des personnages, par la profondeur de l'observation de l'âme humaine que par l'universalité de son propos.

Affiche de *L'École des femmes.*
Photo © Les Paparazzi, Yves Renaud ;
Graphisme Folio et Garetti ; Archives BNQ.

L'ESCOLE DES FEMMES

Frontispice de *L'École des femmes*.

À Madame[1]

Madame,

Je suis le plus embarrassé homme du monde, lorsqu'il me faut dédier un livre ; et je me trouve si peu fait au style d'épître dédicatoire, que je ne sais pas où sortir de celle-ci. Un autre auteur qui serait en ma place trouverait d'abord cent belles choses à dire de Votre Altesse Royale, sur le titre de *L'École des femmes*, et l'offre qu'il vous en ferait. Mais, pour moi, Madame, je vous avoue mon faible[2]. Je ne sais point cet art de trouver des rapports entre des choses si peu proportionnées ; et, quelques belles lumières que mes confrères les auteurs me donnent tous les jours sur de pareils sujets, je ne vois point ce que Votre Altesse Royale pourrait avoir à démêler avec la comédie que je lui présente. On n'est pas en peine[3], sans doute, comment il faut faire pour vous louer. La matière, Madame, ne saute que trop aux yeux ; et, de quelque côté qu'on vous regarde, on rencontre gloire sur gloire, et qualités sur qualités. Vous en avez, Madame, du côté du rang et de la naissance, qui vous font respecter de toute la terre. Vous en avez du côté des grâces, et de l'esprit et du corps, qui vous font admirer de toutes les personnes qui vous voient. Vous en avez du côté de l'âme, qui, si l'on ose parler ainsi, vous font aimer de tous ceux qui ont l'honneur d'approcher de vous : je veux dire cette douceur pleine de charmes, dont vous daignez tempérer la fierté des grands titres que vous portez ; cette bonté toute obligeante, cette affabilité généreuse que vous faites paraître pour tout le monde. Et ce sont particulièrement ces dernières pour qui je suis, et dont je sens fort bien que je ne me

---

1 *Madame* est un titre honorifique qui désigne Henriette d'Angleterre, femme du protecteur de la troupe : Monsieur, frère du roi Louis XIV.

2 *faible* : incapacité, défaut.

3 *en peine* : inquiet, qui éprouve de la difficulté à faire quelque chose.

pourrai taire quelque jour. Mais encore une fois, Madame, je ne sais point le biais de faire entrer ici des vérités si éclatantes ; et ce sont choses, à mon avis, et d'une trop vaste étendue et d'un mérite trop élevé, pour les vouloir renfermer dans une épître, et les mêler avec des bagatelles. Tout bien considéré, Madame, je ne vois rien à faire ici pour moi, que de vous dédier simplement ma comédie, et de vous assurer, avec tout le respect qu'il m'est possible, que je suis,

De Votre Altesse Royale,

Madame,

Le très humble, très obéissant
et très obligé serviteur,
J. B. Molière.

Préface

Bien des gens ont frondé[1] d'abord cette comédie ; mais les rieurs ont été pour elle, et tout le mal qu'on en a pu dire n'a pu faire qu'elle n'ait eu un succès dont je me contente.

Je sais qu'on attend de moi dans cette impression quelque préface qui réponde aux censeurs et rende raison de mon ouvrage ; et sans doute que je suis assez redevable à toutes les personnes qui lui ont donné leur approbation, pour me croire obligé de défendre leur jugement contre celui des autres ; mais il se trouve qu'une grande partie des choses que j'aurais à dire sur ce sujet est déjà dans une dissertation que j'ai faite en dialogue, et dont je ne sais encore ce que je ferai. L'idée de ce dialogue, ou, si l'on veut, de cette petite comédie, me vint après les deux ou trois premières représentations de ma pièce. Je la dis, cette idée, dans une maison où je me trouvai un soir, et d'abord une personne de qualité, dont l'esprit est assez connu dans le monde, et qui me fait l'honneur de m'aimer, trouva le projet assez à son gré, non seulement pour me solliciter d'y mettre la main, mais encore pour l'y mettre lui-même ; et je fus étonné que deux jours après il me montra toute l'affaire exécutée d'une manière à la vérité beaucoup plus galante et plus spirituelle que je ne puis faire, mais où je trouvai des choses trop avantageuses pour moi ; et j'eus peur que, si je produisais cet ouvrage sur notre théâtre, on ne m'accusât d'abord d'avoir mendié les louanges qu'on m'y donnait. Cependant cela m'empêcha, par quelque considération, d'achever ce que j'avais commencé. Mais tant de gens me pressent tous les jours de le faire, que je ne sais ce qui en sera ; et cette incertitude est cause que je ne mets point dans cette préface ce qu'on verra dans la *Critique*, en cas que je me résolve à la faire paraître. S'il faut que cela soit, je le dis encore, ce sera

---

1 *frondé* : critiqué violemment.

seulement pour venger le public du chagrin délicat[1] de certaines gens; car, pour moi, je m'en tiens assez vengé par la réussite de ma comédie; et je souhaite que toutes celles que je pourrai faire soient traitées par eux comme celle-ci, pourvu que le reste soit de même.

---

1 *chagrin délicat* : mauvaise humeur pointilleuse.

L'ESCOLE

DES

FEMMES.

COMEDIE.

Par I. B. P. MOLIERE.

A PARIS,

Chez Lovis Billaine, au second Pilier
de la grand' Salle du Palais, à la Palme,
& au Grand Cesar.

M. DC. LXIII.

Auec Priuilege du Roy.

Page de titre de l'édition de 1663.

LES PERSONNAGES

ARNOLPHE[1], *autrement M. de la Souche.*

AGNÈS, *jeune fille innocente, élevée par Arnolphe.*

HORACE, *amant d'Agnès.*

ALAIN, *paysan, valet d'Arnolphe.*

GEORGETTE, *paysanne, servante d'Arnolphe.*

CHRYSALDE, *ami d'Arnolphe.*

ENRIQUE, *beau-frère de Chrysalde.*

ORONTE, *père d'Horace et grand ami d'Arnolphe.*

LE NOTAIRE.

L'ACTION SE DÉROULE DANS UNE PLACE PUBLIQUE.

---

1   Saint Arnolphe était considéré, à l'époque, comme le patron des maris trompés.

N.B. : Les quatre extraits qui font l'objet d'une analyse approfondie sont indiqués dans l'œuvre par des filets tracés dans la marge.

§   Les mots suivis du symbole § sont définis dans le glossaire, à la page 204.

ACTE I

SCÈNE 1 : Chrysalde, Arnolphe

Chrysalde
Vous venez, dites-vous, pour lui donner la main[1] ?

Arnolphe
Oui, je veux terminer la chose dans demain[2].

Chrysalde
Nous sommes ici seuls ; et l'on peut, ce me semble,
Sans craindre d'être ouïs, y discourir ensemble :
5   Voulez-vous qu'en ami je vous ouvre mon cœur ?
Votre dessein[3] pour vous me fait trembler de peur ;
Et de quelque façon que vous tourniez l'affaire,
Prendre femme est à vous[4] un coup[5] bien téméraire.

Arnolphe
Il est vrai, notre ami. Peut-être que chez vous
10   Vous trouvez des sujets de craindre pour chez nous ;
Et votre front, je crois, veut que du mariage
Les cornes[6] soient partout l'infaillible apanage[7].

---

1   *pour lui donner la main* : pour l'épouser.
2   *dans demain* : dès demain.
3   *dessein* : projet.
4   *à vous* : pour vous.
5   *un coup* : un projet, une entreprise.
6   *Les cornes* : symbole traditionnel de l'homme trompé.
7   *apanage* : attribut.

CHRYSALDE

Ce sont coups du hasard, dont on n'est point garant[1],
Et bien sot, ce me semble, est le soin qu'on en prend[2].

15 Mais quand je crains pour vous, c'est cette raillerie
Dont cent pauvres maris ont souffert la furie ;
Car enfin vous savez qu'il n'est grands ni petits[3]
Que de votre critique on ait vus garantis ;
Que vos plus grands plaisirs sont, partout où vous êtes,
20 De faire cent éclats des intrigues secrètes…

ARNOLPHE

Fort bien : est-il au monde une autre ville aussi
Où l'on ait des maris si patients qu'ici ?
Est-ce qu'on n'en voit pas, de toutes les espèces,
Qui sont accommodés chez eux de toutes pièces[4] ?
25 L'un amasse du bien[5], dont sa femme fait part
À ceux qui prennent soin de le faire cornard[6] ;
L'autre un peu plus heureux, mais non pas moins infâme[7],
Voit faire tous les jours des présents à sa femme,
Et d'aucun soin jaloux[8] n'a l'esprit combattu,
30 Parce qu'elle lui dit que c'est pour sa vertu.
L'un fait beaucoup de bruit qui ne lui sert de guère[9] ;
L'autre en toute douceur laisse aller les affaires,

---

1 *dont on n'est point garant* : dont on ne peut se garantir.

2 *le soin qu'on en prend* : les soucis qu'on se fait à ce sujet. À quelques exceptions
   près, signalées par une nouvelle note de bas de page, *soin* signifie «attention
   particulière que l'on porte à quelqu'un ou à quelque chose».

3 *qu'il n'est grands ni petits* : ces adjectifs désignent le rang social ; on retrouve donc
   des cocus dans toutes les classes de la société.

4 *accommodés chez eux de toutes pièces* : ridiculisés par tous les moyens.

5 *du bien* : argent, possessions, fortune.

6 *dont sa femme […] faire cornard* : que sa femme dépense avec ses amants.

7 *infâme* : déshonoré.

8 *soin jaloux* : inquiétude suscitée par la jalousie.

9 *de guère* : guère.

Et voyant arriver chez lui le damoiseau[1],
Prend fort honnêtement ses gants et son manteau.
35   L'une de son galant[2], en adroite femelle,
Fait fausse confidence[3] à son époux fidèle,
Qui dort en sûreté sur un pareil appas[4],
Et le plaint, ce galant[§], des soins[§] qu'il ne perd pas;
L'autre, pour se purger de sa magnificence[5],
40   Dit qu'elle gagne au jeu l'argent qu'elle dépense;
Et le mari benêt[6], sans songer à quel jeu,
Sur les gains qu'elle fait rend des grâces à Dieu.
Enfin, ce sont partout des sujets de satire:
Et comme spectateur ne puis-je pas en rire?
45   Puis-je pas de nos sots...[7]?

CHRYSALDE

          Oui; mais qui rit d'autrui
Doit craindre qu'en revanche on rie aussi de lui.
J'entends parler le monde; et des gens se délassent
À venir débiter les choses qui se passent;
Mais, quoi que l'on divulgue aux endroits où je suis,
50   Jamais on ne m'a vu triompher de ces bruits[8].
J'y suis assez modeste[9]; et, bien qu'aux occurrences[10]
Je puisse condamner certaines tolérances,
Que mon dessein[§] ne soit de souffrir[11] nullement
Ce que quelques maris souffrent[§] paisiblement,

---

1   *damoiseau*: terme péjoratif décrivant un jeune homme coquet.
2   *galant*: jeune homme qui courtisait les femmes mariées.
3   *fausse confidence*: mensonge.
4   *appas*: tromperie, stratagème.
5   *se purger de sa magnificence*: pour justifier ses folles dépenses.
6   *benêt*: naïf, niais.
7   *Puis-je pas de nos sots...*: les points de suspension sous-entendent «me moquer».
8   *triompher de ces bruits*: me réjouir de ces racontars.
9   *modeste*: discret.
10 *aux occurrences*: à l'occasion.
11 *souffrir*: tolérer.

55   Pourtant je n'ai jamais affecté[1] de le dire ;
Car enfin il faut craindre un revers de satire[2],
Et l'on ne doit jamais jurer sur de tels cas
De ce qu'on pourra faire, ou bien ne faire pas.
Ainsi, quand à mon front, par un sort qui tout mène,
60   Il serait arrivé quelque disgrâce humaine,
Après mon procédé, je suis presque certain
Qu'on se contentera de s'en rire sous main[3] ;
Et peut-être qu'encor[4] j'aurai cet avantage,
Que quelques bonnes gens diront que c'est dommage,
65   Mais de vous, cher compère, il en est autrement :
Je vous le dis encor[§], vous risquez diablement.
Comme sur les maris accusés de souffrance[5]
De tout temps votre langue a daubé d'importance[6],
Qu'on vous a vu contre eux un diable déchaîné,
70   Vous devez marcher droit pour n'être point berné[7] ;
Et s'il faut que sur vous on ait la moindre prise,
Gare qu'aux carrefours on ne vous tympanise[8],
Et...

ARNOLPHE

Mon Dieu, notre ami, ne vous tourmentez point ;
Bien huppé[9] qui pourra m'attraper sur ce point.

---

1 *affecté* : aimé à.
2 *il faut craindre un revers de satire* : il faut craindre que la moquerie ne se retourne contre soi.
3 *sous main* : en cachette.
4 *encor* : encore.
5 *accusés de souffrance* : accusés d'avoir toléré les infidélités de leur femme.
6 *a daubé d'importance* : *dauber* veut dire «se moquer de». Chrysalde rappelle à Arnolphe qu'il se moque depuis longtemps des maris trompés tout en courant le risque d'être lui-même cocu.
7 *berné* : ridiculisé.
8 *on ne vous tympanise* : on ne vous critique sévèrement.
9 *huppé* : malin.

75 Je sais les tours rusés et les subtiles trames[1]
    Dont pour nous en planter[2] savent user les femmes,
    Et comme on est dupé par leurs dextérités[3].
    Contre cet accident j'ai pris mes sûretés;
    Et celle que j'épouse a toute l'innocence
80 Qui peut sauver mon front de maligne influence[4].

CHRYSALDE
    Et que prétendez-vous qu'une sotte, en un mot...

ARNOLPHE
    Épouser une sotte est pour[5] n'être point sot.
    Je crois, en bon chrétien[6], votre moitié[7] fort sage;
    Mais une femme habile est un mauvais présage;
85 Et je sais ce qu'il coûte à de certaines gens
    Pour avoir pris les leurs avec trop de talents.
    Moi, j'irais me charger d'une spirituelle[8]
    Qui ne parlerait rien que cercle[9] et que ruelle[10],
    Qui de prose et de vers ferait de doux écrits,
90 Et que visiteraient marquis et beaux esprits,
    Tandis que, sous le nom du mari de Madame,
    Je serais comme un saint que pas un ne réclame[11]?
    Non, non, je ne veux point d'un esprit qui soit haut;
    Et femme qui compose en sait plus qu'il ne faut.

---

1   *trames* : intrigues.
2   *nous en planter* : *en* est mis pour «les cornes».
3   *dextérités* : ruses.
4   *de maligne influence* : d'un mauvais sort.
5   *est pour* : a pour but de.
6   *chrétien* : personne charitable.
7   *moitié* : épouse.
8   *spirituelle* : femme cultivée, intelligente.
9   *cercle* : réunion mondaine et intellectuelle.
10 *ruelle* : espace entre le lit et le mur de la chambre. Il était coutumier, pour
    certaines dames de la haute société, de recevoir leurs visiteurs dans leur chambre.
11 *que pas un ne réclame* : que personne ne prie.

95 Je prétends que la mienne, en clartés peu sublime[1],
Même ne sache pas ce que c'est qu'une rime ;
Et s'il faut qu'avec elle on joue au corbillon[2]
Et qu'on vienne à lui dire à son tour : «Qu'y met-on ?»
Je veux qu'elle réponde : «Une tarte à la crème» ;
100 En un mot, qu'elle soit d'une ignorance extrême ;
Et c'est assez pour elle, à vous en bien parler[3],
De savoir prier Dieu, m'aimer, coudre et filer.

CHRYSALDE
Une femme stupide est donc votre marotte[4] ?

ARNOLPHE
Tant, que j'aimerais mieux une laide bien sotte
105 Qu'une femme fort belle avec beaucoup d'esprit.

CHRYSALDE
L'esprit et la beauté…

ARNOLPHE
L'honnêteté suffit.

CHRYSALDE
Mais comment voulez-vous, après tout, qu'une bête
Puisse jamais savoir ce que c'est qu'être honnête ?
Outre qu'il est assez ennuyeux, que je crois,
110 D'avoir toute sa vie une bête avec soi,
Pensez-vous le bien prendre[5], et que sur votre idée
La sûreté d'un front puisse être bien fondée ?

---

1 *en clartés peu sublime* : peu cultivée, peu intelligente.
2 *on joue au corbillon* : un *corbillon* était une petite corbeille. On jouait à ce jeu de société à la portée des enfants en posant la question : Corbillon, qu'y met-on ? Il fallait répondre par un mot qui se termine en –on. Exemple : des oisons, des boutons, etc. Arnolphe souhaite marier une jeune fille niaise au point de ne pas comprendre ce jeu simple.
3 *à vous en bien parler* : pour tout vous dire.
4 *marotte* : idée fixe.
5 *le bien prendre* : bien envisager le problème.

Une femme d'esprit peut trahir son devoir;
Mais il faut pour le moins qu'elle ose le vouloir;
115 Et la stupide au sien peut manquer d'ordinaire,
Sans en avoir l'envie et sans penser le faire.

ARNOLPHE

À ce bel argument, à ce discours profond,
Ce que Pantagruel à Panurge[1] répond:
Pressez-moi de me joindre à femme autre que sotte,
120 Prêchez, patrocinez[2] jusqu'à la Pentecôte[3];
Vous serez ébahi, quand vous serez au bout,
Que[4] vous ne m'aurez rien persuadé du tout.

CHRYSALDE

Je ne vous dis plus mot.

ARNOLPHE

         Chacun a sa méthode.
En femme, comme en tout, je veux suivre ma mode.
125 Je me vois riche assez pour pouvoir, que je crois,
Choisir une moitié[§] qui tienne tout de moi,
Et de qui la soumise et pleine dépendance
N'ait à me reprocher aucun bien[§] ni naissance[5].
Un air doux et posé, parmi d'autres enfants,
130 M'inspira de l'amour pour elle dès quatre ans[6];
Sa mère se trouvant de pauvreté pressée,
De la lui demander il me vint la pensée;
Et la bonne paysanne, apprenant mon désir,
À s'ôter cette charge eut beaucoup de plaisir.

---

1 *Pantagruel à Panurge*: personnages de Rabelais, écrivain du XVIe siècle.
2 *patrocinez*: plaidez comme un avocat à la cour.
3 *jusqu'à la Pentecôte*: longtemps.
4 *Que*: parce que.
5 *N'ait à me reprocher aucun bien ni naissance*: en mariant Agnès, jeune paysanne pauvre, Arnolphe s'assure que son épouse ne pourra l'accuser de l'avoir choisie pour son argent ou sa situation sociale.
6 *dès quatre ans*: alors qu'elle était âgée de quatre ans.

135   Dans un petit couvent, loin de toute pratique[1],
       Je la fis élever selon ma politique[2],
       C'est-à-dire ordonnant quels soins[§] on emploierait
       Pour la rendre idiote[3] autant qu'il se pourrait.
       Dieu merci, le succès a suivi mon attente :
140   Et grande, je l'ai vue à tel point innocente,
       Que j'ai béni le Ciel d'avoir trouvé mon fait[4],
       Pour me faire une femme au gré de mon souhait.
       Je l'ai donc retirée ; et comme ma demeure
       À cent sortes de monde est ouverte à toute heure,
145   Je l'ai mise à l'écart, comme il faut tout prévoir,
       Dans cette autre maison où nul ne me vient voir ;
       Et pour ne point gâter sa bonté naturelle,
       Je n'y tiens que des gens tout aussi simples[5] qu'elle,
       Vous me direz : Pourquoi cette narration ?
150   C'est pour vous rendre instruit de ma précaution.
       Le résultat de tout est qu'en ami fidèle
       Ce soir je vous invite à souper avec elle,
       Je veux que vous puissiez un peu l'examiner,
       Et voir si de mon choix on me doit condamner.

                    CHRYSALDE

155   J'y consens.

                    ARNOLPHE
              Vous pourrez, dans cette conférence[6],
       Juger de sa personne et de son innocence.

                    CHRYSALDE
       Pour cet article-là, ce que vous m'avez dit
       Ne peut...

---

1   *loin de toute pratique* : sans contact avec le monde extérieur.
2   *selon ma politique* : selon mes principes.
3   *idiote* : innocente.
4   *mon fait* : ce que je recherchais.
5   *simples* : innocentes, naïves.
6   *conférence* : rencontre.

© Josée Lambert.

CHRYSALDE (Robert Lalonde)
Chacun a sa méthode
En femme, comme en tout, je veux suivre ma mode.
ARNOLPHE (Michel Sabourin)

ACTE 1, SCÈNE 1, vers 123 et 124.

THÉÂTRE DENISE PELLETIER, 2000-2001.
Mise en scène d'Alain Knapp.

ARNOLPHE

La vérité passe encor⁵ mon récit.
Dans ses simplicités¹ à tous coups je l'admire²,
160   Et parfois elle en dit dont je pâme³ de rire.
L'autre jour (pourrait-on se le persuader ?),
Elle était fort en peine⁵, et me vint demander,
Avec une innocence à nulle autre pareille,
Si les enfants qu'on fait se faisaient par l'oreille⁴.

CHRYSALDE

165   Je me réjouis fort, Seigneur Arnolphe…

ARNOLPHE

Bon !
Me voulez-vous toujours appeler de ce nom ?

CHRYSALDE

Ah ! malgré que j'en aie⁵, il me vient à la bouche,
Et jamais je ne songe à Monsieur de la Souche.
Qui diable vous a fait aussi vous aviser,
170   À quarante et deux ans, de vous débaptiser,
Et d'un vieux tronc pourri de votre métairie⁶
Vous faire dans le monde un nom de seigneurie⁷ ?

ARNOLPHE

Outre que la maison par ce nom se connaît,
La Souche plus qu'Arnolphe à mes oreilles plaît.

---

1 *simplicités* : naïvetés.
2 *je l'admire* : je la regarde avec étonnement.
3 *je pâme* : je me pâme.
4 *Si les enfants qu'on fait se faisaient par l'oreille* : allusion à l'ignorance sexuelle d'Agnès. Au XVIIᵉ siècle, on enseignait aux enfants que le Christ avait été conçu par l'oreille. Agnès applique cette croyance à la conception de tous les enfants.
5 *malgré que j'en aie* : en dépit de mes efforts.
6 *métairie* : petite ferme.
7 *seigneurie* : territoire appartenant à un seigneur, dans l'ancien régime.

CHRYSALDE

175   Quel abus de quitter le vrai nom de ses pères
        Pour en vouloir prendre un bâti sur des chimères[1] !
        De la plupart des gens c'est la démangeaison[2] ;
        Et, sans vous embrasser dans la comparaison,
        Je sais un paysan qu'on appelait Gros-Pierre,
180   Qui n'ayant pour tout bien[§] qu'un seul quartier de terre,
        Y fit tout à l'entour faire un fossé bourbeux,
        Et de Monsieur de l'Isle en prit le nom pompeux.

ARNOLPHE

        Vous pourriez vous passer d'exemples de la sorte.
        Mais enfin de la Souche est le nom que je porte :
185   J'y vois de la raison, j'y trouve des appas[3] ;
        Et m'appeler de l'autre est ne m'obliger pas[4].

CHRYSALDE

        Cependant la plupart ont peine à s'y soumettre,
        Et je vois même encor[§] des adresses de lettre…

ARNOLPHE

        Je le souffre[§] aisément de qui n'est pas instruit ;
190   Mais vous…

CHRYSALDE

                        Soit : là-dessus nous n'aurons point de bruit[5].
        Et je prendrai le soin[§] d'accoutumer ma bouche
        À ne plus vous nommer que Monsieur de la Souche.

ARNOLPHE

        Adieu. Je frappe ici pour donner le bonjour,
        Et dire seulement que je suis de retour.

---

1   *chimères* : illusions.
2   *démangeaison* : forte envie.
3   *appas* : attraits.
4   *ne m'obliger pas* : me déplaire. *Obliger* signifie plaire, faire plaisir.
5   *bruit* : querelle.

CHRYSALDE, *s'en allant.*

195   Ma foi, je le tiens fou[1] de toutes les manières.

ARNOLPHE

Il est un peu blessé[2] sur certaines matières.
Chose étrange de voir comme avec passion
Un chacun est chaussé de son opinion[3] !
Holà !

SCÈNE 2 : ALAIN, GEORGETTE, ARNOLPHE

ALAIN

Qui heurte[4] ?

ARNOLPHE

Ouvrez. On aura, que je pense,

200   Grande joie à me voir après dix jours d'absence.

ALAIN

Qui va là ?

ARNOLPHE

Moi.

ALAIN

Georgette !

GEORGETTE

Hé bien ?

ALAIN

Ouvre là-bas.

---

1   *je le tiens fou* : je pense qu'il est fou.
2   *blessé* : bizarre.
3   *chaussé de son opinion* : obstiné, entêté.
4   *heurte* : frappe à la porte.

GEORGETTE

Vas-y, toi.

ALAIN

Vas-y, toi.

GEORGETTE

Ma foi, je n'irai pas.

ALAIN

Je n'irai pas aussi.

ARNOLPHE

Belle cérémonie

Pour me laisser dehors ! Holà ho, je vous prie.

GEORGETTE

205 Qui frappe ?

ARNOLPHE

Votre maître.

GEORGETTE

Alain !

ALAIN

Quoi ?

GEORGETTE

C'est Monsieur.

Ouvre vite.

ALAIN

Ouvre, toi.

GEORGETTE

Je souffle notre feu.

ALAIN

J'empêche, peur du chat, que mon moineau ne sorte.

ARNOLPHE

Quiconque de vous deux n'ouvrira pas la porte
N'aura point à manger de plus de quatre jours.
210   Ha !

GEORGETTE

Par quelle raison y venir, quand j'y cours ?

ALAIN

Pourquoi plutôt que moi ? Le plaisant strodagème[1] !

GEORGETTE

Ôte-toi donc de là.

ALAIN

Non, ôte-toi, toi-même.

GEORGETTE

Je veux ouvrir la porte.

ALAIN

Et je veux l'ouvrir, moi.

GEORGETTE

Tu ne l'ouvriras pas.

ALAIN

Ni toi non plus.

GEORGETTE

Ni toi.

ARNOLPHE

215   Il faut que j'aie ici l'âme bien patiente !

ALAIN

Au moins, c'est moi, Monsieur.

---

1 *strodagème* : stratagème.

GEORGETTE
                              Je suis votre servante,
C'est moi.

ALAIN
                    Sans le respect de Monsieur que voilà,
Je te…

ARNOLPHE, *recevant un coup d'Alain.*
        Peste !

ALAIN
                    Pardon.

ARNOLPHE
                    Voyez ce lourdaud-là !

ALAIN
C'est elle aussi, Monsieur…

ARNOLPHE
                              Que tous deux on se taise,
220   Songez à me répondre, et laissons la fadaise[1].
Hé bien, Alain, comment se porte-t-on ici ?

ALAIN
Monsieur, nous nous… Monsieur, nous nous por…
                                        Dieu merci,
Nous nous…

        *(Arnolphe ôte par trois fois le chapeau
        de dessus la tête d'Alain.)*

ARNOLPHE
                    Qui vous apprend, impertinente bête,
À parler devant moi le chapeau sur la tête ?

---

1 *fadaise* : plaisanterie.

ALAIN

225 Vous faites bien, j'ai tort.

ARNOLPHE, *à Alain.*

Faites descendre Agnès.

(À Georgette.)

Lorsque je m'en allai, fut-elle triste après ?

GEORGETTE

Triste ? Non.

ARNOLPHE

Non ?

GEORGETTE

Si fait[1].

ARNOLPHE

Pourquoi donc… ?

GEORGETTE

Oui, je meure[2],

Elle vous croyait voir de retour à toute heure ;
Et nous n'oyions[3] jamais passer devant chez nous
230 Cheval, âne, ou mulet, qu'elle ne prît pour vous.

---

1 *Si fait* : bien sûr.
2 *je meure* : que je meure si je mens.
3 *nous n'oyions* : nous n'entendions.

SCÈNE 3 : AGNÈS, ALAIN, GEORGETTE, ARNOLPHE

ARNOLPHE

La besogne[1] à la main ! C'est un bon témoignage.
Hé bien ! Agnès, je suis de retour du voyage :
En êtes-vous bien aise ?

AGNÈS

Oui, Monsieur, Dieu merci.

ARNOLPHE

Et moi de vous revoir je suis bien aise aussi.
235 Vous vous êtes toujours, comme on voit, bien portée ?

AGNÈS

Hors[2] les puces, qui m'ont la nuit inquiétée.

ARNOLPHE

Ah ! vous aurez dans peu[3] quelqu'un pour les chasser.

AGNÈS

Vous me ferez plaisir.

ARNOLPHE

Je le puis bien penser.
Que faites-vous donc là ?

AGNÈS

Je me fais des cornettes[4].
240 Vos chemises de nuit et vos coiffes[4] sont faites.

ARNOLPHE

Ha ! voilà qui va bien. Allez, montez là-haut :

---

1 *besogne* : ouvrage de couture.
2 *Hors* : sauf.
3 *dans peu* : dans peu de temps, bientôt.
4 *cornettes* et *coiffes* : bonnets de nuit.

Ne vous ennuyez point, je reviendrai tantôt,
Et je vous parlerai d'affaires importantes.

(Tous étant rentrés, sauf Arnolphe.)

Héroïnes du temps, Mesdames les savantes,
245   Pousseuses de tendresse[1] et de beaux sentiments,
Je défie à la fois tous vos vers, vos romans,
Vos lettres, billets doux, toute votre science,
De valoir cette honnête et pudique ignorance.

SCÈNE 4 : HORACE, ARNOLPHE

ARNOLPHE

Ce n'est point par le bien§ qu'il faut être ébloui ;
250   Et pourvu que l'honneur soit… Que vois-je ? Est-ce ?… Oui.
Je me trompe. Nenni[2]. Si fait§. Non, c'est lui-même.
Hor…

HORACE

    Seigneur Ar…

ARNOLPHE

    Horace !

HORACE

        Arnolphe.

ARNOLPHE

                Ah ! joie extrême !

Et depuis quand ici ?

---

1 *Pousseuses de tendresse* : expression qui ridiculise le langage amoureux tenu par
   les précieuses.
2 *Nenni* : non.

ARNOLPHE (Michel Sabourin)
Ha ! voilà qui va bien. Allez, montez là-haut […]
AGNÈS (Evelyne Rompré)
GEORGETTE (Diane Ouimet)

ACTE I, SCÈNE 3, vers 241.

THÉÂTRE DENISE PELLETIER, 2000-2001.
Mise en scène d'Alain Knapp.

HORACE

Depuis neuf jours.

ARNOLPHE

Vraiment ?

HORACE

Je fus d'abord chez vous, mais inutilement.

ARNOLPHE

255 J'étais à la campagne.

HORACE

Oui, depuis deux journées.

ARNOLPHE

Oh ! comme les enfants croissent en peu d'années !
J'admire de le voir au point où le voilà,
Après que je l'ai vu pas plus grand que cela.

HORACE

Vous voyez.

ARNOLPHE

Mais, de grâce. Oronte votre père,
260 Mon bon et cher ami, que j'estime et révère,
Que fait-il ? que dit-il ? est-il toujours gaillard[1] ?
À tout ce qui le touche, il sait que je prends part :
Nous ne nous sommes vus depuis quatre ans ensemble.

HORACE

Ni, qui plus est, écrit l'un à l'autre, me semble.
265 Il est, seigneur Arnolphe, encor§ plus gai que nous,
Et j'avais de sa part une lettre pour vous ;
Mais depuis, par une autre, il m'apprend sa venue,
Et la raison encor§ ne m'en est pas connue.

---

1 *gaillard* : d'humeur à plaisanter, grivois.

Savez-vous qui peut être un de vos citoyens[1]
270 Qui retourne en ces lieux avec beaucoup de biens[§]
Qu'il s'est en quatorze ans acquis dans l'Amérique ?

ARNOLPHE
Non. Vous a-t-on point dit comme on le nomme ?

HORACE
                                        Enrique.

ARNOLPHE
Non.

HORACE
Mon père m'en parle, et qu'il est revenu
Comme s'il devait m'être entièrement connu,
275 Et m'écrit qu'en chemin ensemble ils se vont mettre[2]
Pour un fait important que ne dit point sa lettre.

ARNOLPHE
J'aurai certainement grande joie à le voir,
Et pour le régaler je ferai mon pouvoir[3].

(Après avoir lu la lettre.)

Il faut pour des amis des lettres moins civiles[4],
280 Et tous ces compliments sont choses inutiles.
Sans qu'il prît le souci de m'en écrire rien,
Vous pouvez librement disposer de mon bien[§].

HORACE
Je suis homme à saisir les gens par leurs paroles,
Et j'ai présentement besoin de cent pistoles[5].

---

1 *citoyens* : concitoyens.
2 *ils se vont mettre* : ils vont s'entendre.
3 *Et pour le régaler je ferai mon pouvoir* : et pour bien le traiter, je ferai mon possible.
4 *civiles* : polies.
5 *cent pistoles* : monnaie d'or. Horace emprunte une somme considérable.

ARNOLPHE

285 Ma foi, c'est m'obliger§ que d'en user ainsi,
Et je me réjouis de les avoir ici.
Gardez aussi la bourse.

HORACE
Il faut[1]...

ARNOLPHE
Laissons ce style.
Hé bien ! comment encor§ trouvez-vous cette ville ?

HORACE
Nombreuse en citoyens, superbe en bâtiments ;
290 Et j'en crois merveilleux les divertissements.

ARNOLPHE

Chacun a ses plaisirs qu'il se fait à sa guise ;
Mais pour ceux que du nom de galants§ on baptise,
Ils ont en ce pays de quoi se contenter,
Car les femmes y sont faites à coqueter[2] :
295 On trouve d'humeur douce et la brune et la blonde,
Et les maris aussi les plus bénins[3] du monde ;
C'est un plaisir de prince ; et des tours que je vois
Je me donne souvent la comédie à moi.
Peut-être en avez-vous déjà féru[4] quelqu'une.
300 Vous est-il point encor§ arrivé de fortune[5] ?
Les gens faits comme vous font plus que les écus,
Et vous êtes de taille[6] à faire des cocus.

---

1 *Il faut* : Hector veut dire «il faut que je vous signe une reconnaissance de dette»,
   mais il est interrompu par Arnolphe.
2 *faites à coqueter* : habituées à faire les coquettes.
3 *bénins* : indulgents.
4 *féru* : séduit.
5 *fortune* : ici, au sens d'aventure amoureuse.
6 *de taille* : d'apparence.

HORACE

À ne vous rien cacher de la vérité pure,
J'ai d'amour en ces lieux eu certaine aventure,
305 Et l'amitié m'oblige à vous en faire part.

ARNOLPHE

Bon ! voici de nouveau quelque conte gaillard[§] ;
Et ce sera de quoi mettre sur mes tablettes[1].

HORACE

Mais, de grâce, qu'au moins ces choses soient secrètes.

ARNOLPHE

Oh !

HORACE

Vous n'ignorez pas qu'en ces occasions
310 Un secret éventé rompt nos prétentions.
Je vous avouerai donc avec pleine franchise
Qu'ici d'une beauté mon âme s'est éprise.
Mes petits soins[§] d'abord ont eu tant de succès,
Que je me suis chez elle ouvert un doux accès ;
315 Et sans trop me vanter ni lui faire une injure,
Mes affaires y sont en fort bonne posture.

ARNOLPHE, *riant.*

Et c'est… ?

HORACE, *lui montrant le logis d'Agnès.*

Un jeune objet[2] qui loge en ce logis
Dont vous voyez d'ici que les murs sont rougis ;
Simple[§], à la vérité, par l'erreur sans seconde
320 D'un homme qui la cache au commerce[3] du monde,
Mais qui, dans l'ignorance où l'on veut l'asservir,
Fait briller des attraits capables de ravir ;

---

1 *mettre sur mes tablettes* : noter par écrit.

2 *objet* : personne aimée.

3 *commerce* : fréquentation, contact.

Un air tout engageant, je ne sais quoi de tendre,
Dont il n'est point de cœur qui se puisse défendre.
325 Mais peut-être il n'est pas que vous n'ayez bien vu[1]
Ce jeune astre d'amour de tant d'attraits pourvu :
C'est Agnès qu'on l'appelle.

ARNOLPHE, *à part.*
Ah ! je crève !

HORACE
Pour l'homme

C'est, je crois, de la Zousse ou Source qu'on le nomme :
Je ne me suis pas fort arrêté sur le nom ;
330 Riche, à ce qu'on m'a dit, mais des plus sensés, non ;
Et l'on m'en a parlé comme d'un ridicule[2].
Le connaissez-vous point ?

ARNOLPHE, *à part.*
La fâcheuse pilule !

HORACE

Eh ! vous ne dites mot ?

ARNOLPHE
Eh ! oui, je le connois[3].

HORACE

C'est un fou, n'est-ce pas ?

ARNOLPHE
Eh…

HORACE
Qu'en dites-vous ? quoi ?

335 Eh ? c'est-à-dire oui ? Jaloux à faire rire ?
Sot ? Je vois qu'il en est ce que l'on m'a pu dire.

---

1 *il n'est pas que vous n'ayez bien vu* : vous n'avez pas pu ne pas voir.

2 *un ridicule* : un homme ridicule.

3 *connois* : connais.

Enfin l'aimable Agnès a su m'assujettir[1].
C'est un joli bijou, pour ne vous point mentir ;
Et ce serait péché qu'une beauté si rare
340 Fût laissée au pouvoir de cet homme bizarre.
Pour moi, tous mes efforts, tous mes vœux les plus doux
Vont à m'en rendre maître en dépit du jaloux ;
Et l'argent que de vous j'emprunte avec franchise[2]
N'est que pour mettre à bout[3] cette juste entreprise.
345 Vous savez mieux que moi, quels que soient nos efforts,
Que l'argent est la clef de tous les grands ressorts,
Et que ce doux métal qui frappe tant de têtes,
En amour, comme en guerre, avance les conquêtes.
Vous me semblez chagrin[4] : serait-ce qu'en effet
350 Vous désapprouveriez le dessein[5] que j'ai fait ?

ARNOLPHE

Non, c'est que je songeais…

HORACE

                    Cet entretien vous lasse.
Adieu. J'irai chez vous tantôt vous rendre grâce[5].

ARNOLPHE

Ah ! faut-il… !

HORACE, *revenant.*

Derechef[6], veuillez être discret,
Et n'allez pas, de grâce, éventer mon secret.

ARNOLPHE

355 Que je sens dans mon âme… !

---

1 *m'assujettir* : me séduire.
2 *avec franchise* : librement.
3 *mettre à bout* : mener à bien.
4 *chagrin* : soucieux.
5 *vous rendre grâce* : vous rendre visite.
6 *Derechef* : de nouveau.

HORACE, *revenant.*

                Et surtout à mon père,
Qui s'en ferait peut-être un sujet de colère.

       ARNOLPHE, *croyant qu'il revient encore.*
Oh !... Oh ! que j'ai souffert durant cet entretien !
Jamais trouble d'esprit ne fut égal au mien.
Avec quelle imprudence et quelle hâte extrême
360 Il m'est venu conter cette affaire à moi-même !
Bien que mon autre nom le tienne dans l'erreur,
Étourdi montra-t-il jamais tant de fureur[1] ?
Mais ayant tant souffert, je devais me contraindre
Jusques à[2] m'éclaircir de ce que je dois craindre,
365 À pousser jusqu'au bout son caquet[3] indiscret,
Et savoir pleinement leur commerce[§] secret.
Tâchons à le rejoindre : il n'est pas loin, je pense.
Tirons-en de ce fait l'entière confidence[4].
Je tremble du malheur qui m'en peut arriver,
370 Et l'on cherche souvent plus qu'on ne veut trouver.

---

1 *fureur* : obstination, entêtement.
2 *Jusques à* : jusqu'à.
3 *caquet* : bavardage.
4 *Tirons-en [...] confidence* : essayons de lui arracher des aveux complets.

ACTE II

SCÈNE 1

ARNOLPHE

Il m'est, lorsque j'y pense avantageux sans doute
D'avoir perdu mes pas[1] et pu manquer sa route;
Car enfin de mon cœur le trouble impérieux
N'eût pu se renfermer tout entier à ses yeux:
375 Il eût fait éclater l'ennui[2] qui me dévore,
Et je ne voudrais pas qu'il sût ce qu'il ignore.
Mais je ne suis pas homme à gober le morceau[3],
Et laisser un champ libre aux vœux du damoiseau[§]:
J'en veux rompre le cours et, sans tarder, apprendre
380 Jusqu'où l'intelligence[4] entre eux a pu s'étendre.
J'y prends pour mon honneur un notable intérêt;
Je la regarde en femme, aux termes qu'elle en est[5];
Elle n'a pu faillir[6] sans me couvrir de honte,
Et tout ce qu'elle fait enfin est sur mon compte[7].
385 Éloignement fatal! voyage malheureux!

      (Frappant à la porte.)

---

1 *D'avoir perdu mes pas* : de m'être égaré.
2 *ennui* : angoisse.
3 *homme à gober le morceau* : homme naïf.
4 *l'intelligence* : la complicité.
5 *aux termes qu'elle en est* : au point où elle en est.
6 *faillir* : commettre un geste condamnable.
7 *est sur mon compte* : me concerne.

SCÈNE 2 : Alain, Georgette, Arnolphe

Alain

Ah ! Monsieur, cette fois…

Arnolphe

            Paix. Venez çà[1] tous deux.
Passez là, passez là. Venez là, venez dis-je.

Georgette

Ah ! vous me faites peur, et tout mon sang se fige.

Arnolphe

C'est donc ainsi qu'absent[2] vous m'avez obéi ?
390 Et tous deux de concert vous m'avez donc trahi ?

Georgette

Eh ! ne me mangez pas[3], Monsieur, je vous conjure.

Alain, *à part.*

Quelque chien enragé l'a mordu, je m'assure[4].

Arnolphe

Ouf ! Je ne puis parler, tant je suis prévenu[5] :
Je suffoque, et voudrais me pouvoir mettre nu.
395 Vous avez donc souffert[§], ô canaille maudite,
Qu'un homme soit venu ?… Tu veux prendre la fuite !
Il faut que sur-le-champ… Si tu bouges… ! Je veux
Que vous me disiez… Euh ! Oui, je veux que tous deux…
Quiconque remûra[6], par la mort ! je l'assomme.
400 Comme est-ce que chez moi s'est introduit cet homme ?

---

1 *çà* : ici.
2 *qu'absent* : que pendant mon absence.
3 *ne me mangez pas* : soyez indulgent.
4 *je m'assure* : je suis sûr.
5 *je suis prévenu* : je crains.
6 *remûra* : bougera.

GEORGETTE (Diane Ouimet)
Eh ! ne me mangez pas, Monsieur, je vous conjure.
ALAIN (Jacques Allard)
ARNOLPHE (Marcel Sabourin)

ACTE II, SCÈNE 2, vers 391.

THÉÂTRE DENISE PELLETIER, 2000-2001.
Mise en scène d'Alain Knapp.

Eh ! parlez, dépêchez, vite, promptement, tôt[1],
Sans rêver. Veut-on dire ?

ALAIN ET GEORGETTE
Ah ! Ah !

GEORGETTE
Le cœur me faut[2].

ALAIN
Je meurs.

ARNOLPHE
Je suis en eau : prenons un peu d'haleine ;
Il faut que je m'évente, et que je me promène.
405 Aurais-je deviné quand je l'ai vu petit
Qu'il croîtrait pour cela ? Ciel ! que mon cœur pâtit[3] !
Je pense qu'il vaut mieux que de sa propre bouche
Je tire avec douceur l'affaire qui me touche.
Tâchons de modérer notre ressentiment.
410 Patience, mon cœur, doucement, doucement.
Levez-vous, et rentrant, faites qu'Agnès descende.
Arrêtez. Sa surprise en deviendrait moins grande :
Du chagrin[4] qui me trouble ils iraient l'avertir,
Et moi-même je veux l'aller faire sortir.
415 Que l'on m'attende ici.

---

1 *tôt* : vite.

2 *Le cœur me faut* : le cœur me manque.

3 *pâtit* : souffre.

4 *chagrin* : soucis.

SCÈNE 3 : Alain, Georgette

Georgette
                    Mon Dieu ! qu'il est terrible !
Ses regards m'ont fait peur, mais une peur horrible !
Et jamais je ne vis un plus hideux chrétien.

Alain
Ce Monsieur l'a fâché : je te le disais bien.

Georgette
Mais que diantre[1] est-ce là, qu'avec tant de rudesse
420 Il nous fait au logis garder notre maîtresse ?
D'où vient qu'à tout le monde il veut tant la cacher,
Et qu'il ne saurait voir personne en approcher ?

Alain
C'est que cette action le met en jalousie.

Georgette
Mais d'où vient qu'il est pris de cette fantaisie[2] ?

Alain
425 Cela vient… cela vient de ce qu'il est jaloux.

Georgette
Oui ; mais pourquoi l'est-il ? et pourquoi ce courroux[3] ?

Alain
C'est que la jalousie… entends-tu bien, Georgette,
Est une chose… là… qui fait qu'on s'inquiète…
Et qui chasse les gens d'autour d'une maison.
430 Je m'en vais te bailler[4] une comparaison,

---

1 *diantre* : expression exclamative.
2 *fantaisie* : caprice.
3 *courroux* : colère.
4 *bailler* : donner.

Afin de concevoir la chose davantage.
Dis-moi, n'est-il pas vrai, quand tu tiens ton potage,
Que si quelque affamé venait pour en manger,
Tu serais en colère, et voudrais le charger[1] ?

GEORGETTE

435   Oui, je comprends cela.

ALAIN

                    C'est justement tout comme :
La femme est en effet le potage de l'homme ;
Et quand un homme voit d'autres hommes parfois
Qui veulent dans sa soupe aller tremper leurs doigts,
Il en montre aussitôt une colère extrême.

GEORGETTE

440   Oui ; mais pourquoi chacun n'en fait-il pas de même,
Et que nous en voyons qui paraissent joyeux
Lorsque leurs femmes sont avec les biaux[2] Monsieux.

ALAIN

C'est que chacun n'a pas cette amitié goulue[3]
Qui n'en veut que pour soi.

GEORGETTE

                    Si je n'ai la berlue,

445   Je le vois qui revient.

ALAIN

            Tes yeux sont bons, c'est lui.

GEORGETTE

Vois comme il est chagrin[§].

---

1   *le charger* : l'attaquer.
2   *biaux* : beaux.
3   *goulue* : gourmande.

ALAIN
C'est qu'il a de l'ennui[1].

SCÈNE 4 : ARNOLPHE, AGNÈS, ALAIN, GEORGETTE

ARNOLPHE
Un certain Grec disait à l'empereur Auguste,
Comme une instruction[2] utile autant que juste,
Que lorsqu'une aventure en colère nous met,
450   Nous devons, avant tout, dire notre alphabet,
Afin que dans ce temps la bile se tempère,
Et qu'on ne fasse rien que l'on ne doive faire.
J'ai suivi sa leçon sur le sujet d'Agnès,
Et je la fais venir en ce lieu tout exprès,
455   Sous prétexte d'y faire un tour de promenade,
Afin que les soupçons de mon esprit malade
Puissent sur le discours[3] la mettre adroitement,
Et lui sondant le cœur s'éclaircir doucement.
Venez, Agnès. Rentrez.

---

1 *ennui* : embêtement.
2 *instruction* : conseil, enseignement.
3 *discours* : sujet.

SCÈNE 5 : Arnolphe, Agnès

Arnolphe
La promenade est belle.

Agnès
460 Fort belle.

Arnolphe
Le beau jour !

Agnès
Fort beau.

Arnolphe
Quelle nouvelle ?

Agnès
Le petit chat est mort.

Arnolphe
C'est dommage ; mais quoi ?
Nous sommes tous mortels, et chacun est pour soi.
Lorsque j'étais aux champs, n'a-t-il point fait de pluie ?

Agnès
Non.

Arnolphe
Vous ennuyait-il ?[1]

Agnès
Jamais je ne m'ennuie.

Arnolphe
465 Qu'avez-vous fait encor§ ces neuf ou dix jours-ci ?

---

1 *Vous ennuyait-il ?* : vous ennuyiez-vous ?

Agnès

Six chemises, je pense, et six coiffes aussi.

Arnolphe, *ayant un peu rêvé.*

Le monde, chère Agnès, est une étrange chose.
Voyez la médisance, et comme chacun cause :
Quelques voisins m'ont dit qu'un jeune homme inconnu
470 Était en mon absence à la maison venu,
Que vous aviez souffert§ sa vue et ses harangues[1] ;
Mais je n'ai point pris foi[2] sur ces méchantes langues,
Et j'ai voulu gager que c'était faussement…

Agnès

Mon Dieu, ne gagez pas : vous perdriez vraiment.

Arnolphe

475 Quoi ? c'est la vérité qu'un homme… ?

Agnès

                                    Chose sûre,
Il n'a presque bougé de chez nous, je vous jure.

Arnolphe, *à part.*

Cet aveu qu'elle fait avec sincérité
Me marque pour le moins son ingénuité.
Mais il me semble, Agnès, si ma mémoire est bonne,
480 Que j'avais défendu que vous vissiez personne.

Agnès

Oui ; mais quand je l'ai vu, vous ignorez pourquoi ;
Et vous en auriez fait, sans doute, autant que moi.

Arnolphe

Peut-être. Mais enfin contez-moi cette histoire.

---

1 *harangues* : paroles.
2 *je n'ai point pris foi* : je n'ai pas cru.

Agnès

Elle est fort étonnante, et difficile à croire.
485 J'étais sur le balcon à travailler au frais,
Lorsque je vis passer sous les arbres d'auprès
Un jeune homme bien fait, qui, rencontrant ma vue,
D'une humble révérence aussitôt me salue :
Moi pour ne point manquer à la civilité[§],
490 Je fis la révérence aussi de mon côté.
Soudain il me refait une autre révérence :
Moi, j'en refais de même une autre en diligence[1] ;
Et lui d'une troisième aussitôt repartant[2],
D'une troisième aussi j'y repars à l'instant.
495 Il passe, vient, repasse, et toujours de plus belle
Me fait à chaque fois révérence nouvelle ;
Et moi, qui tous ces tours fixement regardais,
Nouvelle révérence aussi je lui rendais :
Tant que, si sur ce point[3] la nuit ne fût venue,
500 Toujours comme cela je me serais tenue,
Ne voulant point céder, et recevoir l'ennui[4]
Qu'il me pût estimer moins civile[§] que lui.

Arnolphe

Fort bien.

Agnès

Le lendemain, étant sur notre porte,
Une vieille m'aborde, en parlant de la sorte :
505 «Mon enfant, le bon Dieu puisse-t-il vous bénir,
Et dans tous vos attraits longtemps vous maintenir !
Il ne vous a pas faite une belle personne
Afin de mal user des choses qu'il vous donne ;

---

1 *en diligence* : en vitesse.
2 *repartant* : répétant à son tour.
3 *sur ce point* : à ce moment.
4 *l'ennui* : le déplaisir.

Agnès (Evelyne Rompré)
[…] J'étais sur le balcon à travailler au frais […]
Arnolphe (Marcel Sabourin)

Acte ii, scène 5, vers 485.

Théâtre Denise Pelletier, 2000-2001.
Mise en scène d'Alain Knapp.

Et vous devez savoir que vous avez blessé
510   Un cœur qui de s'en plaindre est aujourd'hui forcé.»

ARNOLPHE, *à part.*

Ah ! suppôt de Satan[1] ! exécrable damnée !

AGNÈS

«Moi, j'ai blessé quelqu'un ! fis-je toute étonnée.
— Oui, dit-elle, blessé, mais blessé tout de bon[2] ;
Et c'est l'homme qu'hier vous vîtes du balcon.
515   — Hélas, qui pourrait, dis-je, en avoir été cause ?
Sur lui, sans y penser, fis-je choir quelque chose ?
— Non, dit-elle, vos yeux ont fait ce coup fatal,
Et c'est de leurs regards qu'est venu tout son mal.
— Hé ! mon Dieu ! ma surprise est, fis-je, sans seconde :
520   Mes yeux ont-ils du mal, pour en donner au monde ?
— Oui, fit-elle, vos yeux, pour causer le trépas,
Ma fille, ont un venin que vous ne savez pas.
En un mot, il languit[3], le pauvre misérable ;
Et s'il faut, poursuivit la vieille charitable,
525   Que votre cruauté lui refuse un secours,
C'est un homme à porter en terre dans deux jours.
— Mon Dieu ! j'en aurais, dis-je, une douleur bien grande.
Mais pour le secourir qu'est-ce qu'il me demande ?
— Mon enfant, me dit-elle, il ne veut obtenir
530   Que le bien de vous voir et vous entretenir :
Vos yeux peuvent eux seuls empêcher sa ruine
Et du mal qu'ils ont fait être la médecine[4].
— Hélas ! volontiers, dis-je ; et puisqu'il est ainsi,
Il peut, tant qu'il voudra, me venir voir ici.»

---

1 *suppôt de Satan* : complice de Satan.
2 *tout de bon* : pour vrai.
3 *il languit* : il est malade.
4 *médecine* : remède.

ARNOLPHE, *à part.*

535 Ah ! sorcière maudite, empoisonneuse d'âmes,
Puisse l'enfer payer tes charitables trames[§] !

AGNÈS

Voilà comme il me vit, et reçut guérison.
Vous-même[1], à votre avis, n'ai-je pas eu raison ?
Et pouvais-je, après tout, avoir la conscience
540 De le laisser mourir[2] faute d'une assistance,
Moi qui compatis tant aux gens qu'on fait souffrir
Et ne puis, sans pleurer, voir un poulet mourir ?

ARNOLPHE, *bas.*

Tout cela n'est parti que d'une âme innocente ;
Et j'en dois accuser mon absence imprudente,
545 Qui sans guide a laissé cette bonté de mœurs
Exposée aux aguets des rusés séducteurs.
Je crains que le pendard[3], dans ses vœux téméraires,
Un peu plus fort que jeu[4] n'ait poussé les affaires.

AGNÈS

Qu'avez-vous ? Vous grondez, ce me semble, un petit[5] ?
550 Est-ce que c'est mal fait ce que je vous ai dit ?

ARNOLPHE

Non. Mais de cette vue[6] apprenez-moi les suites,
Et comme le jeune homme a passé ses visites.

AGNÈS

Hélas ! si vous saviez comme il était ravi,
Comme il perdit son mal sitôt que je le vis,

---

1 *Vous-même* : selon vous.
2 *avoir la conscience/De le laisser mourir* : le laisser mourir sans ne rien faire.
3 *pendard* : canaille.
4 *Un peu plus fort que jeu* : plus loin que ne le permet le jeu.
5 *un petit* : un peu.
6 *vue* : visite.

555 Le présent qu'il m'a fait d'une belle cassette[1],
Et l'argent qu'en ont eu notre Alain et Georgette,
Vous l'aimeriez sans doute et diriez comme nous…

ARNOLPHE
Oui. Mais que faisait-il étant seul avec vous ?

AGNÈS
Il disait qu'il m'aimait d'une amour[2] sans seconde,
560 Et me disait des mots les plus gentils du monde,
Des choses que jamais rien ne peut égaler,
Et dont, toutes les fois que je l'entends parler,
La douceur me chatouille et là-dedans remue
Certain je ne sais quoi dont je suis toute émue.

ARNOLPHE, *à part.*
565 Ô fâcheux examen d'un mystère fatal,
Où l'examinateur souffre seul tout le mal !

(*À Agnès.*)

Outre tous ces discours, toutes ces gentillesses,
Ne vous faisait-il point aussi quelques caresses ?

AGNÈS
Oh tant ! Il me prenait et les mains et les bras,
570 Et de me les baiser il n'était jamais las.

ARNOLPHE
Ne vous a-t-il point pris, Agnès, quelque autre chose ?

(*La voyant interdite.*)

Ouf !

AGNÈS
Hé ! il m'a…

---

1 *cassette* : coffret.
2 *une amour* : au XVIIe siècle, *amour* s'écrit aussi bien au féminin qu'au masculin.

ARNOLPHE

Quoi ?

AGNÈS

Pris…

ARNOLPHE

Euh !

AGNÈS

Le…

ARNOLPHE

Plaît-il ?[1]

AGNÈS

Je n'ose,

Et vous vous fâcherez peut-être contre moi.

ARNOLPHE

Non.

AGNÈS

Si fait[§].

ARNOLPHE

Mon Dieu, non !

AGNÈS

Jurez donc votre foi.

ARNOLPHE

575 Ma foi, soit.

AGNÈS

Il m'a pris… Vous serez en colère.

---

1 *Plaît-il ?* : comment ?

ARNOLPHE

Non.

AGNÈS

Si.

ARNOLPHE

Non, non, non, non. Diantre[§], que de mystère !
Qu'est-ce qu'il vous a pris ?

AGNÈS

Il…

ARNOLPHE, *à part.*

Je souffre en damné[1].

AGNÈS

Il m'a pris le ruban que vous m'aviez donné.
À vous dire le vrai, je n'ai pu m'en défendre.

ARNOLPHE, *reprenant haleine.*

580 Passe pour le ruban. Mais je voulais apprendre
S'il ne vous a rien fait que vous baiser les bras.

AGNÈS

Comment ? est-ce qu'on fait d'autres choses ?

ARNOLPHE

Non pas.
Mais pour guérir du mal qu'il dit qui le possède[2],
N'a-t-il point exigé de vous d'autre remède ?

AGNÈS

585 Non. Vous pouvez juger, s'il en eût demandé,
Que pour le secourir j'aurais tout accordé.

---

1 *en damné* : comme un damné en enfer.
2 *qu'il dit qui le possède* : dont il prétend être victime.

ARNOLPHE

Grâce aux bontés du Ciel, j'en suis quitte à bon compte ;
Si j'y retombe plus[1], je veux bien qu'on m'affronte[2].
Chut. De votre innocence, Agnès, c'est un effet[3].
590 Je ne vous en dis mot : ce qui s'est fait est fait.
Je sais qu'en vous flattant le galant[§] ne désire
Que de vous abuser, et puis après s'en rire.

AGNÈS

Oh ! point : il me l'a dit plus de vingt fois à moi.

ARNOLPHE

Ah ! vous ne savez pas ce que c'est que sa foi.
595 Mais enfin apprenez qu'accepter des cassettes[§],
Et de ces beaux blondins[4] écouter les sornettes[5],
Que se laisser par eux, à force de langueur[6],
Baiser ainsi les mains et chatouiller le cœur,
Est un péché mortel des plus gros qu'il se fasse.

AGNÈS

600 Un péché, dites-vous ? Et la raison, de grâce ?

ARNOLPHE

La raison ? La raison est l'arrêt prononcé
Que par ces actions le Ciel est courroucé[§].

AGNÈS

Courroucé[§] ! Mais pourquoi faut-il qu'il s'en courrouce[§] ?
C'est une chose, hélas ! si plaisante et si douce !
605 J'admire quelle joie on goûte à tout cela,
Et je ne savais point encor[§] ces choses-là.

---

1 *plus* : à nouveau.
2 *qu'on m'affronte* : qu'on me trompe.
3 *effet* : conséquence.
4 *blondins* : jeunes hommes élégants.
5 *sornettes* : mensonges, balivernes.
6 *langueur* : faiblesse.

ARNOLPHE

Oui, c'est un grand plaisir que toutes ces tendresses,
Ces propos si gentils et ces douces caresses ;
Mais il faut le goûter en toute honnêteté,
610 Et qu'en se mariant le crime[1] en soit ôté.

AGNÈS

N'est-ce plus un péché lorsque l'on se marie ?

ARNOLPHE

Non.

AGNÈS

Mariez-moi donc promptement, je vous prie.

ARNOLPHE

Si vous le souhaitez, je le souhaite aussi,
Et pour vous marier on me revoit ici.

AGNÈS

615 Est-il possible ?

ARNOLPHE

Oui.

AGNÈS

Que vous me ferez aise[2] !

ARNOLPHE

Oui, je ne doute point que l'hymen[3] ne vous plaise.

AGNÈS

Vous nous voulez, nous deux…

ARNOLPHE

Rien de plus assuré.

---

1 *crime* : péché, faute morale.
2 *aise* : heureuse.
3 *hymen* : mariage.

Agnès

Que, si cela se fait, je vous caresserai[1] !

Arnolphe

Eh ! la chose sera de ma part réciproque.

Agnès

620 Je ne reconnais point, pour moi, quand on se moque.
Parlez-vous tout de bon[§] ?

Arnolphe

Oui, vous le pourrez voir.

Agnès

Nous serons mariés ?

Arnolphe

Oui.

Agnès

Mais quand ?

Arnolphe

Dès ce soir.

Agnès, *riant.*

Dès ce soir ?

Arnolphe

Dès ce soir. Cela vous fait donc rire ?

Agnès

Oui.

Arnolphe

Vous voir bien contente est ce que je désire.

---

1 *caresserai* : manifesterai de la reconnaissance.

AGNÈS

625 Hélas ! que je vous ai grande obligation,
Et qu'avec lui j'aurai de satisfaction !

ARNOLPHE

Avec qui ?

AGNÈS

Avec…, là.

ARNOLPHE

Là… : là n'est pas mon compte.
À choisir un mari vous êtes un peu prompte.
C'est un autre, en un mot, que je vous tiens tout prêt,
630 Et quant au monsieur, là, je prétends, s'il vous plaît,
Dût le mettre au tombeau le mal dont il vous berce[1],
Qu'avec lui désormais vous rompiez tout commerce§ ;
Que, venant au logis, pour votre compliment[2]
Vous lui fermiez au nez la porte honnêtement,
635 Et lui jetant, s'il heurte§, un grès[3] par la fenêtre,
L'obligiez tout de bon§ à ne plus y paraître.
M'entendez-vous, Agnès ? Moi, caché dans un coin,
De votre procédé je serai le témoin.

AGNÈS

Las ![4] il est si bien fait ! C'est…

ARNOLPHE

Ah ! que de langage ![5]

AGNÈS

640 Je n'aurai pas le cœur…

---

1 *Dût le mettre au tombeau le mal dont il vous berce* : même s'il devait mourir de
  l'amour qu'il prétend éprouver pour vous.
2 *pour votre compliment* : en guise de compliment.
3 *un grès* : une pierre.
4 *Las !* : hélas !
5 *que de langage !* : que de protestations inutiles !

ARNOLPHE

Point de bruit davantage[1].

Montez là-haut.

AGNÈS

Mais quoi ? voulez-vous… ?

ARNOLPHE

C'est assez.

Je suis maître, je parle ; allez, obéissez.

---

1 *Point de bruit davantage* : ne parlez pas davantage.

ACTE III

SCÈNE 1 : Arnolphe, Agnès, Alain, Georgette

Arnolphe

Oui, tout a bien été, ma joie est sans pareille :
Vous avez là suivi mes ordres à merveille,
645 Confondu de tout point le blondin§ séducteur,
Et voilà de quoi sert un sage directeur[1].
Votre innocence, Agnès, avait été surprise.
Voyez sans y penser où vous vous étiez mise :
Vous enfiliez tout droit, sans mon instruction§,
650 Le grand chemin d'enfer et de perdition.
De tous ces damoiseaux§ on sait trop les coutumes :
Ils ont de beaux canons[2], force rubans et plumes,
Grands cheveux, belles dents, et des propos fort doux ;
Mais, comme je vous dis, la griffe est là-dessous ;
655 Et ce sont vrais Satans, dont la gueule altérée
De l'honneur féminin cherche à faire curée[3].
Mais, encor§ une fois, grâce au soin§ apporté,
Vous en êtes sortie avec honnêteté.
L'air dont je vous ai vu lui jeter cette pierre,
660 Qui de tous ses desseins§ a mis l'espoir par terre,
Me confirme encor§ mieux à ne point différer
Les noces où[4] je dis qu'il vous faut préparer.
Mais, avant toute chose, il est bon de vous faire
Quelque petit discours qui vous soit salutaire.
665 Un siège au frais ici. Vous, si jamais en rien…

---

1   *directeur* : directeur de conscience.
2   *canons* : parure en dentelle portée à la hauteur du genou.
3   *faire curée* : essayer de conquérir.
4   *où* : auxquelles.

GEORGETTE

De toutes vos leçons nous nous souviendrons bien.
Cet autre monsieur-là nous en faisait accroire;
Mais…

ALAIN

S'il entre jamais, je ne veux jamais ne boire[1].
Aussi bien est-ce un sot : il nous a l'autre fois
670 Donné deux écus d'or qui n'étaient pas de poids[2].

ARNOLPHE

Ayez donc pour souper tout ce que je désire;
Et pour notre contrat, comme je viens de dire.
Faites venir ici, l'un ou l'autre, au retour,
Le notaire qui loge au coin de ce carfour[3].

SCÈNE 2 : ARNOLPHE, AGNÈS

ARNOLPHE, *assis.*

675 Agnès, pour m'écouter, laissez là votre ouvrage.
Levez un peu la tête et tournez le visage :
Là, regardez-moi là durant cet entretien,
Et jusqu'au moindre mot imprimez-le-vous bien.
Je vous épouse, Agnès; et cent fois la journée
680 Vous devez bénir l'heur[4] de votre destinée,
Contempler la bassesse[5] où vous avez été,
Et dans le même temps admirer ma bonté,

---

1 *je ne veux jamais ne boire* : je renonce à l'alcool.
2 *qui n'étaient pas de poids* : sans valeur.
3 *carfour* : carrefour.
4 *heur* : bonheur.
5 *la bassesse* : référence aux humbles origines d'Agnès.

Qui de ce vil état de pauvre villageoise
Vous fait monter au rang d'honorable bourgeoise
685 Et jouir de la couche et des embrassements
D'un homme qui fuyait tous ces engagements,
Et dont à vingt partis[1], fort capables de plaire,
Le cœur a refusé l'honneur qu'il veut vous faire.
Vous devez toujours, dis-je, avoir devant les yeux
690 Le peu que vous étiez sans ce nœud[2] glorieux,
Afin que cet objet[3] d'autant mieux vous instruise
À mériter l'état où je vous aurai mise,
À toujours vous connaître, et faire qu'à jamais
Je puisse me louer de l'acte que je fais.
695 Le mariage, Agnès, n'est pas un badinage[4] :
À d'austères devoirs le rang de femme engage,
Et vous n'y montez pas, à ce que je prétends,
Pour être libertine[5] et prendre du bon temps.
Votre sexe n'est là que pour la dépendance :
700 Du côté de la barbe est la toute-puissance.
Bien qu'on soit deux moitiés de la société,
Ces deux moitiés pourtant n'ont point d'égalité :
L'une est moitié suprême et l'autre subalterne ;
L'une en tout est soumise à l'autre qui gouverne ;
705 Et ce que le soldat, dans son devoir instruit,
Montre d'obéissance au chef qui le conduit,
Le valet à son maître, un enfant à son père,
À son supérieur le moindre petit Frère[6],
N'approche point encor[§] de la docilité,
710 Et de l'obéissance, et de l'humilité,
Et du profond respect où la femme doit être
Pour son mari, son chef, son seigneur et son maître.

---

1 *partis* : personnes qui cherchent à se marier.
2 *nœud* : mariage.
3 *objet* : sujet de réflexion.
4 *badinage* : plaisanterie.
5 *libertine* : volage, dévergondée.
6 *petit Frère* : moine.

Lorsqu'il jette sur elle un regard sérieux,
Son devoir aussitôt est de baisser les yeux,
715 Et de n'oser jamais le regarder en face
Que quand d'un doux regard il lui veut faire grâce.
C'est ce qu'entendent mal les femmes d'aujourd'hui ;
Mais ne vous gâtez pas sur l'exemple d'autrui.
Gardez-vous d'imiter ces coquettes vilaines[1]
720 Dont par toute la ville on chante les fredaines[2],
Et de vous laisser prendre aux assauts du malin[3],
C'est-à-dire d'ouïr aucun jeune blondin[§].
Songez qu'en vous faisant moitié de ma personne,
C'est mon honneur, Agnès, que je vous abandonne ;
725 Que cet honneur est tendre et se blesse de peu ;
Que sur un tel sujet il ne faut point de jeu ;
Et qu'il est aux enfers des chaudières bouillantes
Où l'on plonge à jamais les femmes mal vivantes[4].
Ce que je vous dis là ne sont pas des chansons ;
730 Et vous devez du cœur dévorer ces leçons.
Si votre âme les suit, et fuit d'être coquette,
Elle sera toujours, comme un lis[5], blanche et nette ;
Mais s'il faut qu'à l'honneur elle fasse un faux bond[6],
Elle deviendra lors[7] noire comme un charbon ;
735 Vous paraîtrez à tous un objet effroyable,
Et vous irez un jour, vrai partage du diable[8],
Bouillir dans les enfers à toute éternité :
Dont[9] vous veuille garder la céleste bonté !

---

1 *ces coquettes vilaines* : ces femmes qui trompent leur mari.
2 *fredaines* : écarts de conduite, infidélités.
3 *du malin* : du diable.
4 *les femmes mal vivantes* : les femmes de mauvaise vie.
5 *un lis* : un lys.
6 *à l'honneur elle fasse un faux bond* : elle soit infidèle à son mari.
7 *lors* : alors.
8 *vrai partage du diable* : vraie victime du diable.
9 *Dont* : sous-entendu «ce dont».

Faites la révérence. Ainsi qu'une novice[1]
740   Par cœur dans le couvent doit savoir son office[2],
Entrant au mariage il en faut faire autant ;
Et voici dans ma poche un écrit important

(*Il se lève.*)

Qui vous enseignera l'office[§] de la femme.
J'en ignore l'auteur, mais c'est quelque bonne âme ;
745   Et je veux que ce soit votre unique entretien[3].
Tenez. Voyons un peu si vous le lirez bien.

AGNÈS *lit.*

LES MAXIMES DU MARIAGE
OU LES DEVOIRS DE LA FEMME MARIEE
avec son exercice journalier[4]

Ire MAXIME

Celle qu'un lien honnête
Fait entrer au lit d'autrui,
Doit se mettre dans la tête,
750   Malgré le train[5] d'aujourd'hui,
Que l'homme qui la prend, ne la prend que pour lui.

ARNOLPHE

Je vous expliquerai ce que cela veut dire ;
Mais pour l'heure présente il ne faut rien que lire.

---

1   *une novice* : une jeune fille s'apprêtant à prononcer les vœux qui lui permettent
    d'entrer dans un ordre religieux.
2   *son office* : son devoir.
3   *unique entretien* : seule préoccupation.
4   *journalier* : quotidien.
5   *le train* : la mode, la façon de faire.

ARNOLPHE (Marcel Sabourin)
[…] Et voici dans ma poche un écrit important
Qui vous enseignera l'office de la femme […]
AGNÈS (Evelyne Rompré)

ACTE III, SCÈNE 2, vers 742 et 743.

THÉÂTRE DENISE PELLETIER, 2000-2001.
Mise en scène d'Alain Knapp.

AGNÈS *poursuit.*

IIᵉ MAXIME

Elle ne se doit parer
755   Qu'autant que peut désirer
Le mari qui la possède :
C'est lui que touche seul le soin§ de sa beauté ;
Et pour rien doit être compté
Que les autres la trouvent laide.

IIIᵉ MAXIME

760   Loin ces études d'œillades,
Ces eaux, ces blancs[1], ces pommades,
Et mille ingrédients qui font des teints fleuris :
À l'honneur tous les jours ce sont drogues[2] mortelles ;
Et les soins§ de paraître belles
765   Se prennent peu pour les maris.

IVᵉ MAXIME

Sous sa coiffe, en sortant, comme l'honneur l'ordonne
Il faut que de ses yeux elle étouffe les coups[3],
Car pour bien plaire à son époux,
Elle ne doit plaire à personne.

Vᵉ MAXIME

770 Hors§ ceux dont au mari la visite se rend,
La bonne règle défend
De recevoir aucune âme[4] :
Ceux qui, de galante humeur[5],
N'ont affaire qu'à Madame,
775   N'accommodent pas Monsieur[6].

---

1 *blancs* : fard blanc.

2 *drogues* : poisons.

3 *les coups* : les regards admiratifs.

4 *aucune âme* : aucune personne.

5 *de galante humeur* : d'humeur à courtiser.

6 *N'accommodent pas Monsieur* : ne plaisent pas à Monsieur.

VIe MAXIME

Il faut des présents des hommes
Qu'elle se défende bien ;
Car dans le siècle où nous sommes,
On ne donne rien pour rien.

VIIe MAXIME

780   Dans ses meubles, dût-elle en avoir de l'ennui[1],
    Il ne faut écritoire, encre, papier, ni plumes :
        Le mari doit, dans les bonnes coutumes,
        Écrire tout ce qui s'écrit chez lui.

VIIIe MAXIME

        Ces sociétés déréglées
785   Qu'on nomme belles assemblées
Des femmes tous les jours corrompent les esprits :
En bonne politique[§] on les doit interdire ;
        Car c'est là que l'on conspire
        Contre les pauvres maris.

IXe MAXIME

790   Toute femme qui veut à l'honneur se vouer
        Doit se défendre de jouer,
        Comme d'une chose funeste :
        Car le jeu, fort décevant,
        Pousse une femme souvent
795   À jouer de tout son reste[2].

Xe MAXIME

Des promenades du temps[3],
Ou repas qu'on donne aux champs,
Il ne faut point qu'elle essaye[4] :
Selon les prudents cerveaux,

---

1 *de l'ennui* : de l'embarras.
2 *À jouer de tout son reste* : à jouer avec sa vertu.
3 *du temps* : de nos jours, de notre époque.
4 *qu'elle essaye* : qu'elle goûte.

800   Le mari, dans ces cadeaux[1],
            Est toujours celui qui paye.

                    XIe MAXIME...

                    ARNOLPHE
    Vous achèverez seule ; et, pas à pas[2], tantôt
    Je vous expliquerai ces choses comme il faut,
    Je me suis souvenu d'une petite affaire :
805 Je n'ai qu'un mot à dire, et ne tarderai guère.
    Rentrez, et conservez ce livre chèrement.
    Si le notaire vient, qu'il m'attende un moment.

                    SCÈNE 3

                    ARNOLPHE
    Je ne puis faire mieux que d'en faire ma femme.
    Ainsi que je voudrai, je tournerai cette âme ;
810 Comme un morceau de cire entre mes mains elle est,
    Et je lui puis donner la forme qui me plaît.
    Il s'en est peu fallu que, durant mon absence,
    On ne m'ait attrapé par son trop d'innocence ;
    Mais il vaut beaucoup mieux, à dire vérité,
815 Que la femme qu'on a pèche de ce côté.
    De ces sortes d'erreurs le remède est facile :
    Toute personne simple[§] aux leçons est docile ;
    Et si du bon chemin on l'a fait écarter,
    Deux mots incontinent[3] l'y peuvent rejeter.

---

1 *cadeaux* : réceptions, repas.

2 *pas à pas* : mot à mot.

3 *incontinent* : aussitôt.

820   Mais une femme habile est bien une autre bête ;
     Notre sort ne dépend que de sa seule tête[1] ;
     De ce qu'elle s'y met rien ne la fait gauchir[2],
     Et nos enseignements ne font là que blanchir[3] :
     Son bel esprit lui sert à railler nos maximes,
825   À se faire souvent des vertus de ses crimes[§],
     Et trouver, pour venir à ses coupables fins,
     Des détours à duper l'adresse des plus fins.
     Pour se parer du coup en vain on se fatigue :
     Une femme d'esprit est un diable en intrigue[4] ;
830   Et dès que son caprice a prononcé tout bas
     L'arrêt de notre honneur[5], il faut passer le pas[6] :
     Beaucoup d'honnêtes gens en pourraient bien que dire[7].
     Enfin, mon étourdi n'aura pas lieu d'en rire.
     Par son trop de caquet[§] il a ce qu'il lui faut.
835   Voilà de nos Français l'ordinaire défaut :
     Dans la possession d'une bonne fortune[§],
     Le secret est toujours ce qui les importune ;
     Et la vanité sotte a pour eux tant d'appas[§],
     Qu'ils se pendraient plutôt que de ne causer pas.
840   Oh ! que les femmes sont du diable bien tentées,
     Lorsqu'elles vont choisir ces têtes éventées[8],
     Et que… ! Mais le voici… Cachons-nous toujours bien
     Et découvrons un peu quel chagrin[§] est le sien.

---

1   *de sa seule tête* : de son seul caprice.
2   *gauchir* : changer d'idée.
3   *blanchir* : rester sans effet.
4   *est un diable en intrigue* : est une personne très rusée.
5   *a prononcé tout bas/L'arrêt de notre honneur* : a décidé de nous tromper.
6   *il faut passer le pas* : il faut accepter d'être cocu.
7   *en pourraient bien que dire* : en auraient long à dire sur le sujet.
8   *éventées* : écervelées.

SCÈNE 4 : Horace, Arnolphe

Horace

Je reviens de chez vous, et le destin me montre
845 Qu'il n'a pas résolu que je vous y rencontre.
Mais j'irai tant de fois, qu'enfin quelque moment…

Arnolphe

Hé ! mon Dieu, n'entrons point dans ce vain compliment :
Rien ne me fâche tant que ces cérémonies ;
Et si l'on m'en croyait, elles seraient bannies.
850 C'est un maudit usage ; et la plupart des gens
Y perdent sottement les deux tiers de leur temps.
Mettons[1] donc sans façons. Hé bien ! vos amourettes ?
Puis-je, seigneur Horace, apprendre où vous en êtes ?
J'étais tantôt distrait par quelque vision[2] ;
855 Mais depuis là-dessus j'ai fait réflexion :
De vos premiers progrès j'admire la vitesse,
Et dans l'événement mon âme s'intéresse.

Horace

Ma foi, depuis qu'à vous s'est découvert mon cœur,
Il est à mon amour arrivé du malheur.

Arnolphe

860 Oh ! oh ! comment cela ?

Horace

La fortune[3] cruelle
A ramené des champs le patron de la belle.

Arnolphe

Quel malheur !

---

1 *Mettons* : remettons notre chapeau.
2 *vision* : idée.
3 *fortune* : destin.

HORACE

Et de plus, à mon très grand regret,
Il a su de nous deux le commerce§ secret.

ARNOLPHE

D'où, diantre§, a-t-il sitôt appris cette aventure ?

HORACE

865   Je ne sais ; mais enfin c'est une chose sûre.
Je pensais aller rendre, à mon heure à peu près,
Ma petite visite à ses jeunes attraits,
Lorsque, changeant pour moi de ton et de visage,
Et servante et valet m'ont bouché le passage,
870   Et d'un «Retirez-vous, vous nous importunez»,
M'ont assez rudement fermé la porte au nez.

ARNOLPHE

La porte au nez !

HORACE

Au nez.

ARNOLPHE

La chose est un peu forte.

HORACE

J'ai voulu leur parler au travers de la porte ;
Mais à tous mes propos ce qu'ils ont répondu
875   C'est : «Vous n'entrerez point, Monsieur l'a défendu.»

ARNOLPHE

Ils n'ont donc point ouvert ?

HORACE

Non. Et de la fenêtre
Agnès m'a confirmé le retour de ce maître,

En me chassant de là d'un ton plein de fierté[1],
Accompagné d'un grès[§] que sa main a jeté.

ARNOLPHE

880 Comment d'un grès[§] ?

HORACE

D'un grès[§] de taille non petite,
Dont on a par ses mains régalé[2] ma visite.

ARNOLPHE

Diantre[§] ! ce ne sont pas des prunes que cela !
Et je trouve fâcheux l'état où vous voilà.

HORACE

Il est vrai, je suis mal par ce retour funeste.

ARNOLPHE

885 Certes, j'en suis fâché pour vous, je vous proteste[3].

HORACE

Cet homme me rompt tout[4].

ARNOLPHE

Oui. Mais cela n'est rien,
Et de vous raccrocher vous trouverez moyen.

HORACE

Il faut bien essayer, par quelque intelligence[§],
De vaincre du jaloux l'exacte vigilance.

ARNOLPHE

890 Cela vous est facile. Et la fille, après tout,
Vous aime.

---

1 *fierté* : férocité.
2 *régalé* : ce mot est employé ici dans un sens ironique.
3 *je vous proteste* : je vous assure.
4 *me rompt tout* : fait échouer mes plans.

HORACE

Assurément.

ARNOLPHE

Vous en viendrez à bout.

HORACE

Je l'espère.

ARNOLPHE

Le grès§ vous a mis en déroute ;
Mais cela ne doit pas vous étonner.

HORACE

Sans doute,
Et j'ai compris d'abord que mon homme était là,
895 Qui, sans se faire voir, conduisait tout cela.
Mais ce qui m'a surpris, et qui va vous surprendre,
C'est un autre incident que vous allez entendre ;
Un trait hardi[1] qu'a fait cette jeune beauté,
Et qu'on n'attendrait point de sa simplicité§.
900 Il le faut avouer, l'amour est un grand maître :
Ce qu'on ne fut jamais il nous enseigne à l'être ;
Et souvent de nos mœurs l'absolu changement
Devient, par ses leçons, l'ouvrage d'un moment ;
De la nature, en nous, il force les obstacles,
905 Et ses effets§ soudains ont de l'air des miracles ;
D'un avare à l'instant il fait un libéral[2],
Un vaillant d'un poltron[3], un civil§ d'un brutal ;
Il rend agile à tout l'âme la plus pesante,
Et donne de l'esprit à la plus innocente.
910 Oui, ce dernier miracle éclate dans Agnès ;
Car, tranchant avec moi par ces termes exprès[4] :

---

1 *hardi* : audacieux.
2 *libéral* : personne qui dépense sans compter.
3 *poltron* : lâche.
4 *exprès* : bien choisis.

«Retirez-vous : mon âme aux visites renonce ;
Je sais tous vos discours, et voilà ma réponse»,
Cette pierre ou ce grès§ dont vous vous étonniez
915 Avec un mot de lettre est tombée à mes pieds ;
Et j'admire de voir cette lettre ajustée
Avec le sens des mots et la pierre jetée.
D'une telle action n'êtes-vous pas surpris ?
L'amour sait-il pas l'art d'aiguiser les esprits ?
920 Et peut-on me nier que ses flammes puissantes
Ne fassent dans un cœur des choses étonnantes ?
Que dites-vous du tour et de ce mot d'écrit ?
Euh ! n'admirez-vous point cette adresse d'esprit ?
Trouvez-vous pas plaisant de voir quel personnage
925 A joué mon jaloux dans tout ce badinage§ ?
Dites.

ARNOLPHE

Oui, fort plaisant.

HORACE

Riez-en donc un peu.

(Arnolphe rit d'un ris forcé.)

Cet homme, gendarmé d'abord contre mon feu[1],
Qui chez lui se retranche, et de grès§ fait parade[2],
Comme si j'y voulais entrer par escalade ;
930 Qui, pour me repousser, dans son bizarre effroi,
Anime du dedans tous ses gens contre moi,
Et qu'abuse à ses yeux, par sa machine même[3],
Celle qu'il veut tenir dans l'ignorance extrême !
Pour moi, je vous l'avoue, encor§ que son retour
935 En un grand embarras jette ici mon amour,

---

1 *gendarmé d'abord contre mon feu* : alerté par mon amour. *Feu* signifie amour,
 sentiment, passion.
2 *fait parade* : se défend.
3 *par sa machine même* : par son propre stratagème.

Je tiens cela plaisant autant qu'on saurait dire,
Je ne puis y songer sans de bon cœur en rire :
Et vous n'en riez pas assez, à mon avis.

ARNOLPHE, *avec un ris forcé.*

Pardonnez-moi, j'en ris tout autant que je puis.

HORACE

940 Mais il faut qu'en ami je vous montre la lettre.
Tout ce que son cœur sent, sa main a su l'y mettre,
Mais en termes touchants et tout pleins de bonté,
De tendresse innocente et d'ingénuité,
De la manière enfin que la pure nature
945 Exprime de l'amour la première blessure.

ARNOLPHE, *bas.*

Voilà, friponne, à quoi l'écriture te sert ;
Et contre mon dessein§ l'art t'en fut découvert[1].

HORACE, *lit.*

«Je veux vous écrire, et je suis bien plus en peine§ par où
je m'y prendrai. J'ai des pensées que je désirerais que vous
sussiez ; mais je ne sais comment faire pour vous les dire, et
je me défie de mes paroles. Comme je commence à connaître qu'on m'a toujours tenue dans l'ignorance, j'ai peur
de mettre quelque chose qui ne soit pas bien, et d'en dire
plus que je ne devrais. En vérité, je sais ce que vous m'avez
fait ; mais je sens que je suis fâchée à mourir de ce qu'on me
fait faire contre vous, que j'aurai toutes les peines du monde
à me passer de vous, et que je serais bien aise d'être à vous.
Peut-être qu'il y a du mal à dire cela ; mais enfin je ne puis
m'empêcher de le dire, et je voudrais que cela se pût faire
sans qu'il y en eût. On me dit fort que tous les jeunes
hommes sont des trompeurs, qu'il ne les faut point écouter,
et que tout ce que vous me dites n'est que pour m'abuser ;

---

1 *découvert* : enseigné.

mais je vous assure que je n'ai pu encore me figurer cela de
vous, et je suis si touchée de vos paroles, que je ne saurais
croire qu'elles soient menteuses. Dites-moi franchement ce
qui en est ; car enfin, comme je suis sans malice[1], vous auriez
le plus grand tort du monde, si vous me trompiez ; et je
pense que j'en mourrais de déplaisir. »

ARNOLPHE

Hon ! chienne !

HORACE

Qu'avez-vous ?

ARNOLPHE

Moi ? rien. C'est que je tousse.

HORACE

Avez-vous jamais vu d'expression plus douce ?
950 Malgré les soins§ maudits d'un injuste pouvoir,
Un plus beau naturel peut-il se faire voir ?
Et n'est-ce pas sans doute un crime§ punissable
De gâter méchamment ce fonds d'âme admirable,
D'avoir dans l'ignorance et la stupidité
955 Voulu de cet esprit étouffer la clarté ?
L'amour a commencé d'en déchirer le voile ;
Et si, par la faveur de quelque bonne étoile,
Je puis, comme j'espère, à ce franc animal[2],
Ce traître, ce bourreau, ce faquin[3], ce brutal…

ARNOLPHE

960 Adieu.

HORACE

Comment, si vite ?

---

1 *sans malice* : sans ruse, sans mauvaise intention.

2 *franc animal* : brute.

3 *faquin* : canaille.

HORACE (Sébastien Delorme), *lit.*
«Je veux vous écrire, et je suis bien en peine par où je m'y prendrai. […]»
ARNOLPHE (Marcel Sabourin)

ACTE III, SCÈNE 4, page 77.

THÉÂTRE DENISE PELLETIER, 2000-2001.
Mise en scène d'Alain Knapp.

ARNOLPHE

Il m'est dans la pensée,
Venu tout maintenant une affaire pressée.

HORACE

Mais ne sauriez-vous point, comme on la tient de près,
Qui dans cette maison pourrait avoir accès ?
J'en use sans scrupule ; et ce n'est pas merveille[1]
965 Qu'on se puisse, entre amis, servir à la pareille[2].
Je n'ai plus là-dedans que gens pour m'observer ;
Et servante et valet, que je viens de trouver,
N'ont jamais, de quelque air que je m'y sois pu prendre,
Adouci leur rudesse à me vouloir entendre.
970 J'avais pour de tels coups[§] certaine vieille[3] en main,
D'un génie[4], à vrai dire, au-dessus de l'humain :
Elle m'a dans l'abord[5] servi de bonne sorte ;
Mais depuis quatre jours la pauvre femme est morte.
Ne me pourriez-vous point ouvrir quelque moyen ?

ARNOLPHE

975 Non, vraiment ; et sans moi vous en trouverez bien.

HORACE

Adieu donc. Vous voyez ce que je vous confie.

---

1 *ce n'est pas merveille* : ce n'est pas surprenant.
2 *servir à la pareille* : rendre service en retour d'un service préalable.
3 *certaine vieille* : référence au personnage évoqué à la SCÈNE 5 de l'ACTE II.
4 *génie* : talent.
5 *dans l'abord* : tout d'abord.

SCÈNE 5

ARNOLPHE

Comme il faut devant lui que je me mortifie[1] !
Quelle peine à cacher mon déplaisir cuisant !
Quoi ? pour une innocente un esprit si présent !
980 Elle a feint d'être telle à mes yeux, la traîtresse,
Ou le diable à son âme a soufflé cette adresse.
Enfin me voilà mort par ce funeste écrit.
Je vois qu'il a, le traître, empaumé son esprit[2],
Qu'à ma suppression il s'est ancré chez elle ;
985 Et c'est mon désespoir et ma peine mortelle.
Je souffre doublement dans le vol de son cœur,
Et l'amour y pâtit§ aussi bien que l'honneur,
J'enrage de trouver cette place usurpée[3],
Et j'enrage de voir ma prudence trompée.
990 Je sais que, pour punir son amour libertin§,
Je n'ai qu'à laisser faire à son mauvais destin,
Que je serai vengé d'elle par elle-même ;
Mais il est bien fâcheux de perdre ce qu'on aime.
Ciel ! puisque pour un choix j'ai tant philosophé,
995 Faut-il de ses appas§ m'être si fort coiffé[4] !
Elle n'a ni parents, ni support[5], ni richesse ;
Elle trahit mes soins[6], mes bontés, ma tendresse :
Et cependant je l'aime, après ce lâche tour,
Jusqu'à ne me pouvoir passer de cette amour.

---

1 *que je me mortifie* : que je m'humilie.
2 *empaumé son esprit* : s'est emparé de son esprit.
3 *cette place usurpée* : Arnolphe est enragé de voir qu'Agnès aime un autre homme que lui.
4 *coiffé* : entiché.
5 *support* : soutien.
6 *soins* : dépenses.

1000 Sot, n'as-tu point de honte ? Ah ! je crève, j'enrage,
Et je souffletterais[1] mille fois mon visage.
Je veux entrer un peu, mais seulement pour voir
Quelle est sa contenance après un trait si noir.
Ciel, faites que mon front soit exempt de disgrâce ;
1005 Ou bien, s'il est écrit qu'il faille que j'y passe[2],
Donnez-moi tout au moins, pour de tels accidents,
La constance[3] qu'on voit à de certaines gens !

---

1 *souffletterais* : donnerais des gifles.
2 *que j'y passe* : que je sois trompé.
3 *constance* : volonté.

ACTE IV

SCÈNE 1

ARNOLPHE

J'ai peine, je l'avoue, à demeurer en place,
Et de mille soucis mon esprit s'embarrasse,
1010 Pour pouvoir mettre un ordre[1] et dedans et dehors
Qui du godelureau[2] rompe tous les efforts.
De quel œil la traîtresse a soutenu ma vue !
De tout ce qu'elle a fait elle n'est point émue ;
Et bien qu'elle me mette à deux doigts du trépas,
1015 On dirait, à la voir, qu'elle n'y touche pas[3].
Plus en la regardant je la voyais tranquille,
Plus je sentais en moi s'échauffer une bile ;
Et ces bouillants transports[4] dont s'enflammait mon cœur
Y semblaient redoubler mon amoureuse ardeur ;
1020 J'étais aigri, fâché, désespéré contre elle :
Et cependant jamais je ne la vis si belle,
Jamais ses yeux aux miens n'ont paru si perçants,
Jamais je n'eus pour eux des désirs si pressants ;
Et je sens là-dedans[5] qu'il faudra que je crève
1025 Si de mon triste sort la disgrâce s'achève.
Quoi ? j'aurai dirigé son éducation
Avec tant de tendresse et de précaution,
Je l'aurai fait passer chez moi[6] dès son enfance,
Et j'en aurai chéri la plus tendre espérance,

---

1 *pouvoir mettre un ordre* : trouver un moyen.
2 *godelureau* : jeune homme qui cherche à séduire.
3 *qu'elle n'y touche pas* : qu'elle ne se sent pas impliquée dans le problème.
4 *transports* : vive émotion.
5 *là-dedans* : Arnolphe fait référence à sa poitrine.
6 *passer chez moi* : entrer chez moi.

1030   Mon cœur aura bâti[1] sur ses attraits naissants
  Et cru la mitonner[2] pour moi durant treize ans,
  Afin qu'un jeune fou dont elle s'amourache
  Me la vienne enlever jusque sur la moustache,
  Lorsqu'elle est avec moi mariée à demi !
1035   Non, parbleu ! non, parbleu ! Petit sot, mon ami,
  Vous aurez beau tourner : ou j'y perdrai mes peines,
  Ou je rendrai, ma foi, vos espérances vaines,
  Et de moi tout à fait vous ne vous rirez point.

SCÈNE 2 : Le Notaire, Arnolphe

Le Notaire

Ah ! le voilà ! Bonjour. Me voici tout à point
1040   Pour dresser le contrat que vous souhaitez faire.

Arnolphe, *sans le voir.*

Comment faire ?

Le Notaire

Il le faut dans la forme ordinaire[3].

Arnolphe, *sans le voir.*

À mes précautions je veux songer de près.

Le Notaire

Je ne passerai rien[4] contre vos intérêts.

Arnolphe, *sans le voir.*

Il se faut garantir de toutes les surprises.

---

1 *aura bâti* : aura fait des projets.
2 *mitonner* : terme de cuisine qui signifie «préparer une soupe» ; ici, employé au sens
  figuré pour signifier qu'Arnolphe prepare Agnès au mariage depuis treize ans.
3 *dans la forme ordinaire* : selon l'usage habituel.
4 *Je ne passerai rien* : je ne ferai rien.

© Josée Lambert.

ARNOLPHE (Marcel Sabourin)
[…] Et je sens là-dedans qu'il faudra que je crève […]

ACTE IV, SCÈNE 1, vers 1024.

THÉÂTRE DENISE PELLETIER, 2000-2001.
Mise en scène d'Alain Knapp.

Le Notaire

1045 Suffit qu'entre mes mains vos affaires soient mises.
Il ne vous faudra point, de peur d'être déçu,
Quittancer le contrat que vous n'ayez reçu[1].

Arnolphe, *sans le voir.*

J'ai peur, si je vais faire éclater quelque chose,
Que de cet incident par la ville on ne cause.

Le Notaire

1050 Hé bien ! il est aisé d'empêcher cet éclat,
Et l'on peut en secret faire votre contrat.

Arnolphe, *sans le voir.*

Mais comment faudra-t-il qu'avec elle j'en sorte ?

Le Notaire

Le douaire[2] se règle au bien[§] qu'on vous apporte.

Arnolphe, *sans le voir.*

Je l'aime, et cet amour est mon grand embarras.

Le Notaire

1055 On peut avantager une femme en ce cas.

Arnolphe, *sans le voir.*

Quel traitement lui faire en pareille aventure[3] ?

Le Notaire

L'ordre[4] est que le futur[5] doit douer[6] la future
Du tiers du dot qu'elle a ; mais cet ordre[§] n'est rien,
Et l'on va plus avant[7] lorsque l'on le veut bien.

---

1 *Quittancer le contrat que vous n'ayez reçu* : reconnaître que les termes du contrat de
   mariage ont été remplis avant d'avoir reçu la dot des parents de la mariée.
2 *douaire* : biens du mari qui reviennent à sa femme lorsqu'il meurt.
3 *en pareille aventure* : dans la situation actuelle.
4 *L'ordre* : la règle.
5 *le futur* : le futur marié.
6 *douer* : fixer le douaire (l'héritage).
7 *l'on va plus avant* : on en donne plus.

ARNOLPHE, *sans le voir.*

1060 Si…

LE NOTAIRE, *Arnolphe l'apercevant.*
Pour le préciput[1], il les regarde ensemble.
Je dis que le futur peut comme bon lui semble
Douer[§] la future.

ARNOLPHE, *l'ayant aperçu.*
Euh ?

LE NOTAIRE
Il peut l'avantager
Lorsqu'il l'aime beaucoup et qu'il veut l'obliger[§],
Et cela par douaire[§], ou préfix[2] qu'on appelle,
1065 Qui demeure perdu par le trépas d'icelle[3],
Ou sans retour, qui va de ladite à ses hoirs[4],
Ou coutumier, selon les différents vouloirs,
Ou par donation dans le contrat formelle,
Qu'on fait ou pure ou simple[5], ou qu'on fait mutuelle[6].
1070 Pourquoi hausser le dos[7] ? Est-ce qu'on parle en fat[8],
Et que l'on ne sait pas les formes d'un contrat ?
Qui me les apprendra ? Personne, je présume.
Sais-je pas qu'étant joints, on est par la Coutume
Communs en meubles, biens[§] immeubles et conquêts[9],
1075 À moins que par un acte on n'y renonce exprès ?
Sais-je pas que le tiers du bien[§] de la future
Entre en communauté pour…

---

1 *préciput* : donation à l'avantage du mari survivant.
2 *préfix* : douaire dont le montant est fixé par contrat.
3 *d'icelle* : de celle-ci.
4 *hoirs* : héritiers.
5 *ou pure ou simple* : en faveur d'un seul conjoint.
6 *mutuelle* : en faveur du survivant.
7 *hausser le dos* : hausser les épaules. Le notaire réagit à un mouvement d'Arnolphe.
8 *Est-ce qu'on parle en fat* : est-ce que je parle comme un imbécile ?
9 *étant joints, on est par la Coutume/Communs en meubles, biens immeubles et conquêts* : quand on est marié, on possède en commun.

Arnolphe

                    Oui, c'est chose sûre,
Vous savez tout cela ; mais qui vous en dit mot ?

Le Notaire

Vous, qui me prétendez faire passer pour sot,
1080 En me haussant l'épaule et faisant la grimace.

Arnolphe

La peste soit fait l'homme, et sa chienne de face !
Adieu : c'est le moyen de vous faire finir[1].

Le Notaire

Pour dresser un contrat m'a-t-on pas fait venir ?

Arnolphe

Oui, je vous ai mandé ; mais la chose est remise,
1085 Et l'on vous mandera quand l'heure sera prise,
Voyez quel diable d'homme avec son entretien[2] !

Le Notaire

Je pense qu'il en tient[3], et je crois penser bien.

SCÈNE 3 : Le Notaire, Alain, Georgette, Arnolphe

Le Notaire

M'êtes-vous pas venu querir[4] pour votre maître ?

Alain

Oui.

---

1 *de vous faire finir* : de vous faire taire.
2 *son entretien* : ses paroles.
3 *il en tient* : il est fou.
4 *querir* : chercher.

Le Notaire
J'ignore pour qui vous le pouvez connaître,
1090 Mais allez de ma part lui dire de ce pas
Que c'est un fou fieffé[1].

Georgette
Nous n'y manquerons pas.

SCÈNE 4 : Alain, Georgette, Arnolphe

Alain
Monsieur…

Arnolphe
Approchez-vous : vous êtes mes fidèles,
Mes bons, mes vrais amis, et j'en sais des nouvelles[2].

Alain
Le notaire…

Arnolphe
Laissons, c'est pour quelque autre jour.
1095 On veut à mon honneur jouer d'un mauvais tour ;
Et quel affront pour vous, mes enfants, pourrait-ce être,
Si l'on avait ôté l'honneur à votre maître !
Vous n'oseriez après paraître en nul endroit,
Et chacun, vous voyant, vous montrerait au doigt.
1100 Donc, puisque autant que moi l'affaire vous regarde,
Il faut de votre part faire une telle garde,
Que ce galant[§] ne puisse en aucune façon…

---

1 *un fou fieffé* : il est complètement fou.
2 *j'en sais des nouvelles* : je le sais.

GEORGETTE

Vous nous avez tantôt montré notre leçon.

ARNOLPHE

Mais à ses beaux discours gardez bien de vous rendre[1].

ALAIN

1105 Oh ! vraiment.

GEORGETTE

Nous savons comme il faut s'en défendre.

ARNOLPHE

S'il venait doucement : «Alain, mon pauvre cœur,
Par un peu de secours soulage ma langueur.»

ALAIN

Vous êtes un sot.

ARNOLPHE

(À Georgette.)

Bon. «Georgette, ma mignonne,
Tu me parais si douce et si bonne personne.»

GEORGETTE

1110 Vous êtes un nigaud.

ARNOLPHE

(À Alain.)

Bon. «Quel mal trouves-tu
Dans un dessein[§] honnête et tout plein de vertu ?»

ALAIN

Vous êtes un fripon.

---

1 *de vous rendre* : de succomber.

ARNOLPHE

(À Georgette.)

> Fort bien. «Ma mort est sûre,
> Si tu ne prends pitié des peines que j'endure.»

GEORGETTE

Vous êtes un benêt[§], un impudent[1].

ARNOLPHE

> Fort bien.

1115 «Je ne suis pas un homme à vouloir rien pour rien ;
Je sais, quand on me sert, en garder la mémoire ;
Cependant, par avance, Alain, voilà pour boire ;
Et voilà pour t'avoir[2], Georgette, un cotillon[3] :

> *(Ils tendent tous deux la main et prennent l'argent.)*

Ce n'est de mes bienfaits qu'un simple échantillon.

1120 Toute la courtoisie enfin dont je vous presse[4],
C'est que je puisse voir votre belle maîtresse.»

GEORGETTE, *le poussant.*

À d'autres.

ARNOLPHE

> Bon cela.

ALAIN, *le poussant.*

> Hors d'ici.

ARNOLPHE

> Bon.

GEORGETTE, *le poussant.*

> Mais tôt[§].

1　*impudent* : effronté.
2　*t'avoir* : t'acheter.
3　*un cotillon* : un jupon.
4　*la courtoisie enfin dont je vous presse* : le service que je vous demande.

ARNOLPHE

Bon. Holà ! c'est assez.

GEORGETTE

Fais-je pas comme il faut ?

ALAIN

Est-ce de la façon que vous voulez l'entendre ?

ARNOLPHE

1125 Oui, fort bien, hors§ l'argent, qu'il ne fallait pas prendre.

GEORGETTE

Nous ne nous sommes pas souvenus de ce point.

ALAIN

Voulez-vous qu'à l'instant nous recommencions ?

ARNOLPHE

Point :

Suffit. Rentrez tous deux.

ALAIN

Vous n'avez rien qu'à dire[1].

ARNOLPHE

Non, vous dis-je ; rentrez, puisque je le désire.
1130 Je vous laisse l'argent. Allez : je vous rejoins.
Ayez bien l'œil à tout, et secondez mes soins§.

---

1 *Vous n'avez rien qu'à dire* : vous n'avez qu'à dire un mot et nous obéirons.

© Josée Lambert.

ARNOLPHE (Marcel Sabourin)
[…] Et voilà pour t'avoir, Georgette, un cotillon […]
GEORGETTE (Diane Ouimet)
ALAIN (Jacques Allard)

ACTE IV, SCÈNE 4, vers 1118.

THÉÂTRE DENISE PELLETIER, 2000-2001.
Mise en scène d'Alain Knapp.

SCÈNE 5

ARNOLPHE

Je veux, pour espion qui soit d'exacte vue[1],
Prendre le savetier[2] du coin de notre rue.
Dans la maison toujours je prétends la tenir,
1135 Y faire bonne garde, et surtout en bannir
Vendeuses de ruban, perruquières, coiffeuses,
Faiseuses de mouchoirs, gantières, revendeuses,
Tous ces gens qui sous main[§] travaillent chaque jour
À faire réussir les mystères d'amour.
1140 Enfin j'ai vu le monde et j'en sais les finesses.
Il faudra que mon homme ait de grandes adresses
Si message ou poulet[3] de sa part peut entrer.

SCÈNE 6 : HORACE, ARNOLPHE

*arnholphe va perturbé par l'histoire
d'horace*

HORACE

La place m'est heureuse[4] à vous y rencontrer.
Je viens de l'échapper bien belle, je vous jure.
1145 Au sortir d'avec vous, sans prévoir l'aventure,
Seule dans son balcon j'ai vu paraître Agnès,
Qui des arbres prochains[5] prenait un peu le frais.
Après m'avoir fait signe, elle a su faire en sorte,
Descendant au jardin, de m'en ouvrir la porte ;

---

1 *d'exacte vue* : vigilant.
2 *savetier* : cordonnier.
3 *poulet* : billet doux.
4 *heureuse* : propice.
5 *prochains* : proches.

1150 Mais à peine tous deux dans sa chambre étions-nous,
Qu'elle a sur les degrés[1] entendu son jaloux ;
Et tout ce qu'elle a pu dans un tel accessoire[2],
C'est de me renfermer dans une grande armoire.
Il est entré d'abord : je ne le voyais pas,
1155 Mais je l'oyais[3] marcher, sans rien dire, à grands pas,
Poussant de temps en temps des soupirs pitoyables,
Et donnant quelquefois de grands coups sur les tables,
Frappant un petit chien qui pour lui s'émouvait,
Et jetant brusquement les hardes[4] qu'il trouvait ;
1160 Il a même cassé, d'une main mutinée[5],
Des vases dont la belle ornait sa cheminée ;
Et sans doute il faut bien qu'à ce becque cornu[6]
Du trait qu'elle a joué quelque jour[7] soit venu.
Enfin, après cent tours, ayant de la manière
1165 Sur ce qui n'en peut mais[8] déchargé sa colère,
Mon jaloux inquiet, sans dire son ennui[§],
Est sorti de la chambre, et moi de mon étui[9].
Nous n'avons point voulu, de peur du personnage,
Risquer à nous tenir ensemble davantage :
1170 C'était trop hasarder ; mais je dois, cette nuit,
Dans sa chambre un peu tard m'introduire sans bruit.
En toussant par trois fois je me ferai connaître ;
Et je dois au signal voir ouvrir la fenêtre,
Dont, avec une échelle, et secondé d'Agnès,
1175 Mon amour tâchera de me gagner l'accès.

---

1 *degrés* : marches d'escalier.
2 *accessoire* : danger.
3 *l'oyais* : l'entendais.
4 *hardes* : vêtements.
5 *mutinée* : irritée.
6 *becque cornu* : cocu.
7 *quelque jour* : quelque information.
8 *qui n'en peut mais* : qui n'est pas responsable.
9 *étui* : cachette.

Comme à mon seul ami, je veux bien vous l'apprendre :
L'allégresse du cœur s'augmente à la répandre[1] ;
Et goûtât-on cent fois un bonheur tout parfait,
On n'en est pas content, si quelqu'un ne le sait.
1180 Vous prendrez part, je pense, à l'heur[§] de mes affaires.
Adieu. Je vais songer aux choses nécessaires.

SCÈNE 7

ARNOLPHE

Quoi ? l'astre[2] qui s'obstine à me désespérer
Ne me donnera pas le temps de respirer ?
Coup sur coup je verrai, par leur intelligence[§],
1185 De mes soins[§] vigilants confondre la prudence ?
Et je serai la dupe, en ma maturité,
D'une jeune innocente et d'un jeune éventé[§] ?
En sage philosophe on m'a vu, vingt années,
Contempler des maris les tristes destinées,
1190 Et m'instruire avec soin[§] de tous les accidents
Qui font dans le malheur tomber les plus prudents ;
Des disgrâces[3] d'autrui profitant dans mon âme,
J'ai cherché les moyens, voulant prendre une femme,
De pouvoir garantir mon front de tous affronts,
1195 Et le tirer de pair[4] d'avec les autres fronts.
Pour ce noble dessein[§], j'ai cru mettre en pratique
Tout ce que peut trouver l'humaine politique[5] ;

---

1   *L'allégresse du cœur s'augmente à la répandre* : le bonheur ressenti est encore plus
   grand lorsqu'on le partage avec les autres.

2   *l'astre* : ici, au sens figuré, le « mauvais sort ».

3   *disgrâces* : problèmes conjugaux.

4   *tirer de pair* : rendre différent.

5   *l'humaine politique* : la sagesse.

Et comme si du sort il était arrêté [1]
[Que nul homme ici-bas n'en serait exempté,] ch. lexical
1200 Après l'expérience et toutes les lumières   = narr.
Que j'ai pu m'acquérir sur de telles matières,
Après vingt ans et plus de méditation
Pour me conduire en tout avec précaution,
De tant d'autres maris j'aurais quitté la trace [2]
1205 Pour me trouver après dans la même disgrâce ?
Ah ! bourreau de destin, vous en aurez menti [3].   ↦ perso
De l'objet qu'on poursuit je suis encor[§] nanti [4] ;
Si son cœur m'est volé par ce blondin[§] funeste,
J'empêcherai du moins qu'on s'empare du reste,
1210 Et cette nuit, qu'on prend pour le galant[§] exploit,
Ne se passera pas si doucement qu'on croit.
Ce m'est quelque plaisir, parmi tant de tristesse,
Que l'on me donne avis [5] du piège qu'on me dresse,
Et que cet étourdi, qui veut m'être fatal,
1215 Fasse son confident de son propre rival.

SCÈNE 8 : Chrysalde, Arnolphe

Chrysalde

Hé bien ! souperons-nous avant la promenade ?

Arnolphe

Non, je jeûne ce soir.

---

1 *comme si du sort il était arrêté* : comme s'il était inévitable.
2 *j'aurais quitté la trace* : j'aurais abandonné le chemin.
3 *vous en aurez menti* : vous aurez menti.
4 *nanti* : en possession.
5 *Que l'on me donne avis* : que l'on me prévienne.

CHRYSALDE
D'où vient cette boutade[1] ?

ARNOLPHE
De grâce, excusez-moi : j'ai quelque autre embarras.

CHRYSALDE
Votre hymen résolu[2] ne se fera-t-il pas ?

ARNOLPHE
1220 C'est trop s'inquiéter des affaires des autres.

CHRYSALDE
Oh ! oh ! si brusquement ! Quels chagrins§ sont les vôtres ?
Serait-il point, compère, à votre passion
Arrivé quelque peu de tribulation[3] ?
Je le jurerais presque à voir votre visage.

ARNOLPHE
1225 Quoi qu'il m'arrive, au moins aurai-je l'avantage
De ne pas ressembler à de certaines gens
Qui souffrent§ doucement l'approche des galants§.

CHRYSALDE
C'est un étrange fait, qu'avec tant de lumières,
Vous vous effarouchiez[4] toujours sur ces matières,
1230 Qu'en cela vous mettiez le souverain bonheur,
Et ne conceviez point au monde d'autre honneur.
Être avare, brutal, fourbe, méchant et lâche,
N'est rien, à votre avis, auprès de cette tache ;
Et, de quelque façon qu'on puisse avoir vécu,
1235 On est homme d'honneur quand on n'est point cocu.

---

1 *boutade* : caprice.
2 *hymen résolu* : mariage prévu.
3 *tribulation* : problème, difficulté.
4 *Vous vous effarouchiez* : vous vous emportiez.

À le bien prendre au fond, pourquoi voulez-vous croire
Que de ce cas fortuit[1] dépende notre gloire,
Et qu'une âme bien née ait à se reprocher
L'injustice d'un mal qu'on ne peut empêcher ?
1240 Pourquoi voulez-vous, dis-je, en prenant une femme,
Qu'on soit digne, à son choix, de louange ou de blâme,
Et qu'on s'aille former un monstre plein d'effroi[2]
De l'affront que nous fait son manquement de foi ?
Mettez-vous dans l'esprit qu'on peut du cocuage
1245 Se faire en galant[§] homme une plus douce image,
Que des coups du hasard aucun n'étant garant,
Cet accident de soi[3] doit être indifférent,
Et qu'enfin tout le mal, quoi que le monde glose[4],
N'est que dans la façon de recevoir la chose ;
1250 Car, pour se bien conduire en ces difficultés,
Il y faut, comme en tout, fuir les extrémités,
N'imiter pas ces gens un peu trop débonnaires[5]
Qui tirent vanité de ces sortes d'affaires,
De leurs femmes toujours vont citant les galants[§],
1255 En font partout l'éloge, et prônent leurs talents,
Témoignent avec eux d'étroites sympathies,
Sont de tous leurs cadeaux[§], de toutes leurs parties,
Et font qu'avec raison les gens sont étonnés
De voir leur hardiesse à montrer là leur nez.
1260 Ce procédé, sans doute, est tout à fait blâmable ;
Mais l'autre extrémité n'est pas moins condamnable.
Si je n'approuve pas ces amis des galants[§],
Je ne suis pas aussi pour ces gens turbulents
Dont l'imprudent chagrin[§], qui tempête et qui gronde,
1265 Attire au bruit qu'il fait les yeux de tout le monde,

---

1 *fortuit* : qui dépend du hasard.
2 *on s'aille former un monstre plein d'effroi* : on ressent des craintes imaginaires.
3 *de soi* : en lui-même.
4 *quoi que le monde glose* : quoi que les gens disent.
5 *débonnaires* : indulgents.

Et qui, par cet éclat, semblent ne pas vouloir
Qu'aucun puisse ignorer ce qu'ils peuvent avoir.
Entre ces deux partis[1] il en est un honnête,
Où dans l'occasion[2] l'homme prudent s'arrête ;
1270 Et quand on le sait prendre, on n'a point à rougir
Du pis[3] dont une femme avec nous puisse agir.
Quoi qu'on en puisse dire enfin, le cocuage
Sous des traits moins affreux aisément s'envisage ;
Et, comme je vous dis, toute l'habileté
1275 Ne va qu'à le savoir tourner du bon côté.

ARNOLPHE

Après ce beau discours, toute la confrérie[4]
Doit un remercîment à Votre Seigneurie ;
Et quiconque voudra vous entendre parler
Montrera de la joie à s'y voir enrôler[5].

CHRYSALDE

1280 Je ne dis pas cela, car c'est ce que je blâme ;
Mais, comme c'est le sort qui nous donne une femme,
Je dis que l'on doit faire ainsi qu'au jeu de dés,
Où, s'il ne vous vient pas ce que vous demandez,
Il faut jouer d'adresse, et d'une âme réduite[6]
1285 Corriger le hasard par la bonne conduite.

ARNOLPHE

C'est-à-dire dormir et manger toujours bien,
Et se persuader que tout cela n'est rien.

---

1 *partis* : attitudes.
2 *dans l'occasion* : au moment approprié.
3 *Du pis* : du pire.
4 *la confrérie* : l'association des cocus.
5 *à s'y voir enrôler* : à joindre la *confrérie*, donc à devenir cocu.
6 *réduite* : docile.

CHRYSALDE

Vous pensez vous moquer ; mais, à ne vous rien feindre[1],
Dans le monde je vois cent choses plus à craindre
1290 Et dont je me ferais un bien plus grand malheur
Que de cet accident qui vous fait tant de peur.
Pensez-vous qu'à choisir de deux choses prescrites[2],
Je n'aimasse pas mieux être ce que vous dites,
Que de me voir mari de ces femmes de bien[§],
1295 Dont la mauvaise humeur fait un procès sur rien,
Ces dragons de vertu, ces honnêtes diablesses,
Se retranchant toujours sur leurs sages prouesses.
Qui, pour un petit tort qu'elles ne nous font pas,
Prennent droit de traiter les gens de haut en bas,
1300 Et veulent, sur le pied de nous être fidèles[3],
Que nous soyons tenus à tout endurer d'elles ?
Encore un coup, compère, apprenez qu'en effet
Le cocuage n'est que ce que l'on le fait,
Qu'on peut le souhaiter pour de certaines causes,
1305 Et qu'il a ses plaisirs comme les autres choses.

ARNOLPHE

Si vous êtes d'humeur à vous en contenter,
Quant à moi, ce n'est pas la mienne d'en tâter ;
Et plutôt que subir une telle aventure…

CHRYSALDE

Mon Dieu ! ne jurez point, de peur d'être parjure[4].
1310 Si le sort l'a réglé, vos soins[§] sont superflus,
Et l'on ne prendra pas votre avis là-dessus.

ARNOLPHE

Moi, je serais cocu ?

---

1 *à ne vous rien feindre* : pour ne rien vous cacher.
2 *prescrites* : décidées par le sort.
3 *sur le pied de nous être fidèles* : parce qu'elles nous sont fidèles.
4 *être parjure* : faire un faux serment.

Chrysalde

Vous voilà bien malade !
Mille gens le sont bien, sans vous faire bravade[1],
Qui de mine, de cœur, de biens§ et de maison[2],
1315 Ne feraient avec vous nulle comparaison[3].

Arnolphe

Et moi, je n'en voudrais avec eux faire aucune.
Mais cette raillerie, en un mot, m'importune :
Brisons là[4], s'il vous plaît.

Chrysalde

Vous êtes en courroux§.
Nous en saurons la cause. Adieu. Souvenez-vous,
1320 Quoi que sur ce sujet votre honneur vous inspire,
Que c'est être à demi ce que l'on vient de dire,
Que de vouloir jurer qu'on ne le sera pas.

Arnolphe

Moi, je le jure encore, et je vais de ce pas
Contre cet accident trouver un bon remède.

SCÈNE 9 : ALAIN, Georgette, Arnolphe

Arnolphe

1325 Mes amis, c'est ici que j'implore votre aide.
Je suis édifié[5] de votre affection ;
Mais il faut qu'elle éclate en cette occasion ;

---

1 *bravade* : offense.
2 *maison* : lignée familiale.
3 *Ne feraient avec vous nulle comparaison* : ne supporteraient aucune comparaison avec vous.
4 *Brisons là* : arrêtons.
5 *Je suis édifié* : je suis satisfait.

Et si vous m'y servez selon ma confiance[1],
Vous êtes assurés de votre récompense.
1330 L'homme que vous savez (n'en faites point de bruit[§])
Veut, comme je l'ai su, m'attraper cette nuit,
Dans la chambre d'Agnès entrer par escalade ;
Mais il lui faut nous trois dresser une embuscade.
Je veux que vous preniez chacun un bon bâton,
1335 Et, quand il sera près du dernier échelon
Car dans le temps qu'il faut j'ouvrirai la fenêtre,
Que tous deux, à l'envi[2], vous me chargiez ce traître,
Mais d'un air[3] dont son dos garde le souvenir,
Et qui lui puisse apprendre à n'y plus revenir :
1340 Sans me nommer pourtant en aucune manière,
Ni faire aucun semblant[4] que je serai derrière.
Aurez-vous bien l'esprit[5] de servir mon courroux[§] ?

ALAIN

S'il ne tient qu'à frapper, mon Dieu ! tout est à nous :
Vous verrez, quand je bats, si j'y vais de main morte.

GEORGETTE

1345 La mienne, quoique aux yeux elle semble moins forte,
N'en quitte pas sa part à le bien étriller[6].

ARNOLPHE

Rentrez donc ; et surtout gardez de babiller[7].
Voilà pour le prochain une leçon utile ;
Et si tous les maris qui sont en cette ville
1350 De leurs femmes ainsi recevaient le galant[§],
Le nombre des cocus ne serait pas si grand.

---

1 *selon ma confiance* : comme je le souhaite.
2 *à l'envi* : à qui mieux mieux.
3 *d'un air* : d'une façon.
4 *faire aucun semblant* : laisser paraître.
5 *l'esprit* : l'intention.
6 *étriller* : malmener.
7 *gardez de babiller* : gardez le secret.

ACTE V

SCÈNE 1 : Alain, Georgette, Arnolphe

Arnolphe
Traîtres, qu'avez-vous fait par cette violence ?

Alain
Nous vous avons rendu, Monsieur, obéissance.

Arnolphe
De cette excuse en vain vous voulez vous armer :
1355 L'ordre était de le battre, et non de l'assommer ;
Et c'était sur le dos, et non pas sur la tête,
Que j'avais commandé qu'on fît choir la tempête.
Ciel ! dans quel accident me jette ici le sort !
Et que puis-je résoudre à voir cet homme mort[1] ?
1360 Rentrez dans la maison, et gardez de rien dire
De cet ordre innocent que j'ai pu vous prescrire.
Le jour s'en va paraître, et je vais consulter
Comment dans ce malheur je me dois comporter.
Hélas ! que deviendrai-je ? et que dira le père,
1365 Lorsque inopinément[2] il saura cette affaire ?

SCÈNE 2 : Horace, Arnolphe

Horace
Il faut que j'aille un peu reconnaître qui c'est.

---

1 *résoudre à voir cet homme mort* : décider en voyant cet homme mort.
2 *inopinément* : sans s'y attendre.

ARNOLPHE

Eût-on jamais prévu… Qui va là, s'il vous plaît ?

HORACE

C'est vous, Seigneur Arnolphe ?

ARNOLPHE

Oui. Mais vous ?…

HORACE

C'est Horace.

Je m'en allais chez vous, vous prier d'une grâce[1].

1370 Vous sortez bien matin !

ARNOLPHE, *bas.*

Quelle confusion !

Est-ce un enchantement[2] ? est-ce une illusion ?

HORACE

J'étais, à dire vrai, dans une grande peine,
Et je bénis du Ciel la bonté souveraine
Qui fait qu'à point nommé je vous rencontre ainsi.
1375 Je viens vous avertir que tout a réussi,
Et même beaucoup plus que je n'eusse osé dire,
Et par un incident qui devait tout détruire.
Je ne sais point par où l'on a pu soupçonner
Cette assignation[3] qu'on m'avait su donner ;
1380 Mais, étant sur le point d'atteindre à la fenêtre,
J'ai, contre mon espoir, vu quelques gens paraître,
Qui, sur moi brusquement levant chacun le bras,
M'ont fait manquer le pied et tomber jusqu'en bas.
Et ma chute, aux dépens de[4] quelque meurtrissure,
1385 De vingt coups de bâton m'a sauvé l'aventure.

---

1 *vous prier d'une grâce* : vous demander une faveur.

2 *enchantement* : sortilège.

3 *assignation* : rendez-vous.

4 *aux dépens de* : au prix de.

Ces gens-là, dont était[1], je pense, mon jaloux,
Ont imputé ma chute à l'effort de leurs coups;
Et, comme la douleur, un assez long espace[2],
M'a fait sans remuer demeurer sur la place,
1390 Ils ont cru tout de bon[§] qu'ils m'avaient assommé,
Et chacun d'eux s'en est aussitôt alarmé.
J'entendais tout leur bruit dans le profond silence;
L'un l'autre ils s'accusaient de cette violence;
Et sans lumière aucune, en querellant le sort[3],
1395 Sont venus doucement tâter si j'étais mort :
Je vous laisse à penser si, dans la nuit obscure,
J'ai d'un vrai trépassé su tenir la figure[4].
Ils se sont retirés avec beaucoup d'effroi;
Et comme je songeais à me retirer, moi,
1400 De cette feinte mort la jeune Agnès émue
Avec empressement est devers[5] moi venue;
Car les discours qu'entre eux ces gens avoient tenus
Jusques à son oreille étaient d'abord venus,
Et pendant tout ce trouble étant moins observée,
1405 Du logis aisément elle s'était sauvée;
Mais me trouvant sans mal, elle a fait éclater
Un transport[§] difficile à bien représenter.
Que vous dirai-je ? Enfin cette aimable personne
A suivi les conseils que son amour lui donne,
1410 N'a plus voulu songer à retourner chez soi,
Et de tout son destin s'est commise à ma foi[6].
Considérez un peu, par ce trait d'innocence,
Où l'expose d'un fou la haute impertinence[7],

---

1 *dont était* : dont faisait partie.
2 *espace* : laps de temps.
3 *en querellant le sort* : en maudissant le sort.
4 *d'un vrai trépassé su tenir la figure* : fait semblant d'être mort.
5 *devers* : vers.
6 *s'est commise à ma foi* : s'est confiée à moi.
7 *impertinence* : folie.

ARNOLPHE (Marcel Sabourin)
Quelle confusion !
Est-ce un enchantement ? est-ce une illusion ?
HORACE (Sébastien Delorme)

ACTE V, SCÈNE 2, vers 1370 et 1371.

THÉÂTRE DENISE PELLETIER, 2000-2001.
Mise en scène d'Alain Knapp.

Et quels fâcheux périls elle pourrait courir,
1415 Si j'étais maintenant homme à la moins chérir.
Mais d'un trop pur amour mon âme est embrasée ;
J'aimerais mieux mourir que l'avoir abusée ;
Je lui vois des appas[§] dignes d'un autre sort,
Et rien ne m'en saurait séparer que la mort.
1420 Je prévois là-dessus l'emportement d'un père ;
Mais nous prendrons le temps d'apaiser sa colère.
À des charmes si doux je me laisse emporter,
Et dans la vie enfin il se faut contenter.
Ce que je veux de vous, sous un secret fidèle,
1425 C'est que je puisse mettre en vos mains cette belle,
Que dans votre maison, en faveur de mes feux[§],
Vous lui donniez retraite[1] au moins un jour ou deux.
Outre qu'aux yeux du monde il faut cacher sa fuite,
Et qu'on en pourra faire une exacte poursuite,
1430 Vous savez qu'une fille aussi de sa façon
Donne avec un jeune homme un étrange soupçon ;
Et comme c'est à vous, sûr de votre prudence,
Que j'ai fait de mes feux[§] entière confidence[§],
C'est à vous seul aussi, comme ami généreux,
1435 Que je puis confier ce dépôt amoureux[2].

ARNOLPHE
Je suis, n'en doutez point, tout à votre service.

HORACE
Vous voulez bien me rendre un si charmant office[3] ?

---

1 *retraite* : cachette.
2 *ce dépôt amoureux* : formulation précieuse pour signifier qu'Horace confie Agnès
   à Arnolphe.
3 *office* : service.

ARNOLPHE

Très volontiers, vous dis-je ; et je me sens ravir
De cette occasion que j'ai de vous servir,
1440 Je rends grâces au Ciel de ce qu'il me l'envoie,
Et n'ai jamais rien fait avec si grande joie.

HORACE

Que je suis redevable à toutes vos bontés !
J'avais de votre part craint des difficultés ;
Mais vous êtes du monde[1], et dans votre sagesse
1445 Vous savez excuser le feu[§] de la jeunesse.
Un de mes gens la garde au coin de ce détour[2].

ARNOLPHE

Mais comment ferons-nous ? car il fait un peu jour ;
Si je la prends ici, l'on me verra peut-être ;
Et s'il faut que chez moi vous veniez à paraître,
1450 Des valets causeront. Pour jouer au plus sûr,
Il faut me l'amener dans un lieu plus obscur.
Mon allée est commode, et je l'y vais attendre.

HORACE

Ce sont précautions qu'il est fort bon de prendre.
Pour moi, je ne ferai que vous la mettre en main,
1455 Et chez moi, sans éclat[3], je retourne soudain.

ARNOLPHE, *seul.*

Ah ! fortune[§], ce trait d'aventure propice
Répare tous les maux que m'a faits ton caprice !

---

1 *vous êtes du monde* : vous connaissez les usages.

2 *détour* : sous-entendu «détour de rue».

3 *sans éclat* : sans bruit.

SCÈNE 3 : Agnès, Horace, Arnolphe

Horace
Ne soyez point en peine§ où je vais vous mener :
C'est un logement sûr que je vous fais donner.
1460 Vous loger avec moi, ce serait tout détruire :
Entrez dans cette porte et laissez-vous conduire.

(Arnolphe lui prend la main sans qu'elle le reconnaisse.)

Agnès
Pourquoi me quittez-vous ?

Horace
　　　　　　　Chère Agnès, il le faut.

Agnès
Songez donc, je vous prie, à revenir bientôt.

Horace
J'en suis assez pressé par ma flamme amoureuse.

Agnès
1465 Quand je ne vous vois point, je ne suis point joyeuse.

Horace
Hors§ de votre présence, on me voit triste aussi.

Agnès
Hélas ! s'il était vrai, vous resteriez ici.

Horace
Quoi ? vous pourriez douter de mon amour extrême !

Agnès
Non, vous ne m'aimez pas autant que je vous aime.

(Arnolphe la tire.)

1470 Ah ! l'on me tire trop.

Horace
C'est qu'il est dangereux,
Chère Agnès, qu'en ce lieu nous soyons vus tous deux ;
Et le parfait ami de qui la main vous presse
Suit le zèle prudent qui pour nous l'intéresse.

Agnès
Mais suivre un inconnu que…

Horace
N'appréhendez rien :
1475 Entre de telles mains vous ne serez que bien.

Agnès
Je me trouverais mieux entre celles d'Horace.
Et j'aurais…
(À Arnolphe qui la tire encore.)
Attendez.

Horace
Adieu : le jour me chasse.

Agnès
Quand vous verrai-je donc ?

Horace
Bientôt. Assurément.

Agnès
Que je vais m'ennuyer jusques à ce moment !

Horace
1480 Grâce au Ciel, mon bonheur n'est plus en concurrence[1],
Et je puis maintenant dormir en assurance.

---

1 *concurrence* : menacé.

SCÈNE 4 : Arnolphe, Agnès

Arnolphe, *le nez dans son manteau.*
Venez, ce n'est pas là que je vous logerai,
Et votre gîte ailleurs est par moi préparé :
Je prétends en lieu sûr mettre votre personne.
1485 Me connaissez-vous ?

Agnès, *le reconnaissant.*
Hay !

Arnolphe
Mon visage, friponne,
Dans cette occasion rend vos sens effrayés,
Et c'est à contrecœur qu'ici vous me voyez.
Je trouble en ses projets l'amour qui vous possède.

(Agnès regarde si elle ne verra point Horace).

N'appelez point des yeux le galant§ à votre aide :
1490 Il est trop éloigné pour vous donner secours.
Ah ! ah ! si jeune encor§, vous jouez de ces tours !
Votre simplicité§, qui semble sans pareille,
Demande si l'on fait les enfants par l'oreille ;
Et vous savez donner des rendez-vous la nuit,
1495 Et pour suivre un galant§ vous évader sans bruit !
Tudieu ! comme avec lui votre langue cajole !
Il faut qu'on vous ait mise à quelque bonne école.
Qui diantre§ tout d'un coup vous en a tant appris ?
Vous ne craignez donc plus de trouver des esprits[1] ?
1500 Et ce galant§, la nuit, vous a donc enhardie ?
Ah ! coquine, en venir à cette perfidie ?
Malgré tous mes bienfaits former un tel dessein§ !
Petit serpent que j'ai réchauffé dans mon sein,

---

1 *esprits* : fantômes.

Horace (Sébastien Delorme)
Adieu : le jour me chasse.
Agnès (Evelyne Rompré)

Acte v, scène 3, vers 1477.

Théâtre Denise Pelletier, 2000-2001.
Mise en scène d'Alain Knapp.

Et qui, dès qu'il se sent, par une humeur ingrate,
1505 Cherche à faire du mal à celui qui le flatte !

AGNÈS

Pourquoi me criez-vous ?

ARNOLPHE

                    J'ai grand tort en effet !

AGNÈS

Je n'entends point de mal dans tout ce que j'ai fait.

ARNOLPHE

Suivre un galant[§] n'est pas une action infâme ?

AGNÈS

C'est un homme qui dit qu'il me veut pour sa femme ;
1510 J'ai suivi vos leçons, et vous m'avez prêché
Qu'il se faut marier pour ôter le péché.

ARNOLPHE

Oui. Mais pour femme, moi je prétendais vous prendre ;
Et je vous l'avais fait, me semble, assez entendre.

AGNÈS

Oui. Mais, à vous parler franchement entre nous,
1515 Il est plus pour cela selon mon goût que vous.
Chez vous le mariage est fâcheux et pénible,
Et vos discours en font une image terrible ;
Mais, las ![§] il le fait, lui, si rempli de plaisirs,
Que de se marier il donne des désirs.

ARNOLPHE

1520 Ah ! c'est que vous l'aimez, traîtresse !

AGNÈS

                        Oui, je l'aime.

ARNOLPHE

Et vous avez le front de le dire à moi-même !

Agnès

Et pourquoi, s'il est vrai, ne le dirais-je pas ?

Arnolphe

Le deviez-vous aimer, impertinente ?

Agnès

Hélas !
Est-ce que j'en puis mais ?[1] Lui seul en est la cause ;
1525 Et je n'y songeais pas lorsque se fit la chose.

Arnolphe

Mais il fallait chasser cet amoureux désir.

Agnès

Le moyen de chasser ce qui fait du plaisir ?

Arnolphe

Et ne saviez-vous pas que c'était me déplaire ?

Agnès

Moi ? point du tout. Quel mal cela vous peut-il faire ?

Arnolphe

1530 Il est vrai, j'ai sujet d'en être réjoui.
Vous ne m'aimez donc pas, à ce compte ?

Agnès

Vous ?

Arnolphe

Oui.

Agnès

Hélas ! non.

---

1 *Est-ce que j'en puis mais ?* : mais que puis-je faire ?

ARNOLPHE

Comment, non !

AGNÈS

Voulez-vous que je mente ?

ARNOLPHE

Pourquoi ne m'aimer pas, Madame l'impudente[§] ?

AGNÈS

Mon Dieu, ce n'est pas moi que vous devez blâmer :
1535 Que ne vous êtes-vous, comme lui, fait aimer ?
Je ne vous en ai pas empêché, que je pense.

ARNOLPHE

Je me suis efforcé de toute ma puissance ;
Mais les soins que j'ai pris[1], je les ai perdus tous.

AGNÈS

Vraiment, il en sait donc là-dessus plus que vous ;
1540 Car à se faire aimer il n'a point eu de peine.

ARNOLPHE

Voyez comme raisonne et répond la vilaine[§] !
Peste ! une précieuse en dirait-elle plus ?
Ah ! je l'ai mal connue ; ou, ma foi ! là-dessus
Une sotte en sait plus que le plus habile homme.
1545 Puisque en raisonnement votre esprit se consomme[2],
La belle raisonneuse, est-ce qu'un si long temps
Je vous aurai pour lui nourrie à mes dépens ?

AGNÈS

Non. Il vous rendra tout jusques au dernier double[3].

---

1 *les soins que j'ai pris* : les tentatives que j'ai faites pour me faire aimer.
2 *se consomme* : excelle.
3 *double* : pièce de monnaie de peu de valeur.

ARNOLPHE

Elle a de certains mots où mon dépit redouble.
1550 Me rendra-t-il, coquine, avec tout son pouvoir[§],
Les obligations que vous pouvez m'avoir ?

AGNÈS

Je ne vous en ai pas d'aussi grandes qu'on pense.

ARNOLPHE

N'est-ce rien que les soins[§] d'élever votre enfance ?

AGNÈS

Vous avez là dedans bien opéré vraiment,
1555 Et m'avez fait en tout instruire joliment !
Croit-on que je me flatte, et qu'enfin, dans ma tête,
Je ne juge pas bien que je suis une bête ?
Moi-mème, j'en ai honte ; et, dans l'âge où je suis,
Je ne veux plus passer pour sotte, si je puis.

ARNOLPHE

1560 Vous fuyez l'ignorance, et voulez, quoi qu'il coûte,
Apprendre du blondin[§] quelque chose ?

AGNÈS

Sans doute.
C'est de lui que je sais ce que je puis savoir :
Et beaucoup plus qu'à vous je pense lui devoir.

ARNOLPHE

Je ne sais qui me tient[1] qu'avec une gourmade[2]
1565 Ma main de ce discours ne venge la bravade[§].
J'enrage quand je vois sa piquante froideur,
Et quelques coups de poing satisferaient mon cœur.

AGNÈS

Hélas ! vous le pouvez, si cela peut vous plaire.

---

1 *tient* : retient.
2 *gourmade* : gifle.

ARNOLPHE

Ce mot, et ce regard désarme ma colère,
1570 Et produit un retour de tendresse de cœur[1],
Qui de son action m'efface la noirceur.
Chose étrange d'aimer, et que pour ces traîtresses
Les hommes soient sujets à de telles faiblesses !
Tout le monde connaît leur imperfection :
1575 Ce n'est qu'extravagance et qu'indiscrétion[2] ;
Leur esprit est méchant, et leur âme fragile ;
Il n'est rien de plus faible et de plus imbécile,
Rien de plus infidèle ; et malgré tout cela,
Dans le monde on fait tout pour ces animaux-là.
1580 Hé bien ! faisons la paix. Va, petite traîtresse,
Je te pardonne tout et te rends ma tendresse.
Considère par là l'amour que j'ai pour toi,
Et me voyant si bon, en revanche aime-moi.

AGNÈS

Du meilleur de mon cœur je voudrais vous complaire :
1585 Que me coûterait-il, si je le pouvais faire ?

ARNOLPHE

Mon pauvre petit bec, tu le peux, si tu veux.

(Il fait un soupir.)

Écoute seulement ce soupir amoureux,
Vois ce regard mourant, contemple ma personne,
Et quitte ce morveux et l'amour qu'il te donne.
1590 C'est quelque sort qu'il faut qu'il ait jeté sur toi,
Et tu seras cent fois plus heureuse avec moi.
Ta forte passion est d'être brave et leste[3] :
Tu le seras toujours, va, je te le proteste[4],

---

1 *retour de tendresse de cœur* : retour de passion.
2 *indiscrétion* : manque de jugement.
3 *brave et leste* : élégante.
4 *je te le proteste* : je te le jure.

Sans cesse, nuit et jour, je te caresserai,
1595 Je te bouchonnerai[1], baiserai, mangerai ;
Tout comme tu voudras, tu pourras te conduire :
Je ne m'explique point, et cela, c'est tout dire.

    (À part.)

Jusqu'où la passion peut-elle faire aller !
Enfin à mon amour rien ne peut s'égaler :
1600 Quelle preuve veux-tu que je t'en donne, ingrate ?
Me veux-tu voir pleurer ? Veux-tu que je me batte ?
Veux-tu que je m'arrache un côté de cheveux ?
Veux-tu que je me tue ? Oui, dis si tu le veux :
Je suis tout prêt, cruelle, à te prouver ma flamme.

AGNÈS

1605 Tenez, tous vos discours ne me touchent point l'âme :
Horace avec deux mots en ferait plus que vous.

ARNOLPHE

Ah ! c'est trop me braver, trop pousser mon courroux[§].
Je suivrai mon dessein[§], bête trop indocile.
Et vous dénicherez[2] à l'instant de la ville.
1610 Vous rebutez[3] mes vœux et me mettez à bout ;
Mais un cul de couvent[4] me vengera de tout.

---

1 *bouchonnerai* : cajolerai.
2 *dénicherez* : déménagerez.
3 *rebutez* : repoussez.
4 *un cul de couvent* : un fond de couvent.

SCÈNE 5 : ALAIN, ARNOLPHE

ALAIN

Je ne sais ce que c'est, Monsieur, mais il me semble
Qu'Agnès et le corps mort[1] s'en sont allés ensemble.

ARNOLPHE

La voici. Dans ma chambre allez me la nicher :
1615 Ce ne sera pas là qu'il la viendra chercher ;
Et puis, c'est seulement pour une demi-heure :
Je vais, pour lui donner une sûre demeure,
Trouver une voiture. Enfermez-vous des mieux,
Et surtout gardez-vous de la quitter des yeux.
1620 Peut-être que son âme, étant dépaysée,
Pourra de cet amour être désabusée.

SCÈNE 6 : ARNOLPHE, HORACE

HORACE

Ah ! je viens vous trouver, accablé de douleur.
Le Ciel, Seigneur Arnolphe, a conclu mon malheur ;
Et par un trait fatal d'une injustice extrême,
1625 On me veut arracher de la beauté que j'aime.
Pour arriver ici mon père a pris le frais[2] ;
J'ai trouvé[3] qu'il mettait pied à terre ici près ;
Et la cause, en un mot, d'une telle venue,
Qui, comme je disais, ne m'était pas connue,

---

1 *le corps mort* : il s'agit d'Horace.
2 *a pris le frais* : a chevauché des chevaux frais pour prendre de l'avance.
3 *trouvé* : appris.

1630 C'est qu'il m'a marié sans m'en récrire rien,
Et qu'il vient en ces lieux célébrer ce lien.
Jugez, en prenant part à mon inquiétude,
S'il pouvait m'arriver un contretemps plus rude.
Cet Enrique, dont hier je m'informais à vous,
1635 Cause tout le malheur dont je ressens les coups ;
Il vient avec mon père achever ma ruine,
Et c'est sa fille unique à qui l'on me destine.
J'ai, dès leurs premiers mots, pensé m'évanouir ;
Et d'abord, sans vouloir plus longtemps les ouïr,
1640 Mon père ayant parlé de vous rendre visite,
L'esprit plein de frayeur je l'ai devancé vite.
De grâce, gardez-vous de lui rien découvrir
De mon engagement[1] qui le pourrait aigrir ;
Et tâchez, comme en vous il prend grande créance[2],
1645 De le dissuader de cette autre alliance.

ARNOLPHE

Oui-da.

HORACE

Conseillez-lui de différer un peu,
Et rendez, en ami, ce service à mon feu[§].

ARNOLPHE

Je n'y manquerai pas.

HORACE

C'est en vous que j'espère.

ARNOLPHE

Fort bien.

---

1 *mon engagement* : mes sentiments amoureux.
2 *créance* : confiance.

HORACE

Et je vous tiens mon véritable père.

1650 Dites-lui que mon âge… Ah ! je le vois venir :
Écoutez les raisons que je vous puis fournir.

(Ils demeurent en un coin du théâtre.)

SCÈNE 7 : ENRIQUE, ORONTE, CHRYSALDE, HORACE, ARNOLPHE

ENRIQUE, *à Chrysalde.*

Aussitôt qu'à mes yeux je vous ai vu paraître,
Quand on ne m'eût rien dit, j'aurais su vous connaître[1].
Je vous vois tous les traits de cette aimable sœur
1655 Dont l'hymen§ autrefois m'avait fait possesseur[2] ;
Et je serais heureux si la Parque[3] cruelle
M'eût laissé ramener cette épouse fidèle,
Pour jouir avec moi des sensibles douceurs
De revoir tous les siens après nos longs malheurs.
1660 Mais puisque du destin la fatale puissance
Nous prive pour jamais de sa chère présence,
Tâchons de nous résoudre[4], et de nous contenter
Du seul fruit amoureux qui m'en est pu rester.
Il vous touche de près ; et, sans votre suffrage[5],
1665 J'aurais tort de vouloir disposer de ce gage.
Le choix du fils d'Oronte est glorieux de soi ;
Mais il faut que ce choix vous plaise comme à moi.

---

1 *connaître* : reconnaître.

2 *possesseur* : époux.

3 *Parque* : dans la religion romaine, les Parques étaient les divinités du destin.

4 *résoudre* : résigner.

5 *suffrage* : approbation.

Chrysalde

C'est de mon jugement avoir mauvaise estime
Que douter si j'approuve un choix si légitime.

Arnolphe, *à Horace.*

1670 Oui, je vais vous servir de la bonne façon.

Horace

Gardez, encor[§] un coup...

Arnolphe

N'ayez aucun soupçon.

Oronte, *à Arnolphe.*

Ah ! que cette embrassade est pleine de tendresse !

Arnolphe

Que je sens à vous voir une grande allégresse !

Oronte

Je suis ici venu...

Arnolphe

Sans m'en faire récit
1675 Je sais ce qui vous mène[1].

Oronte

On vous l'a déjà dit.

Arnolphe

Oui.

Oronte

Tant mieux.

---

1 *ce qui vous mène* : ce qui vous amène.

ARNOLPHE

Votre fils à cet hymen§ résiste,
Et son cœur prévenu[1] n'y voit rien que de triste :
Il m'a même prié de vous en détourner ;
Et moi, tout le conseil que je vous puis donner,
1680 C'est de ne pas souffrir§ que ce nœud§ se diffère,
Et de faire valoir l'autorité de père.
Il faut avec vigueur ranger[2] les jeunes gens,
Et nous faisons contre eux[3] à leur être indulgents.

HORACE

Ah ! traître !

CHRYSALDE

Si son cœur a quelque répugnance,
1685 Je tiens qu'on ne doit pas lui faire violence.
Mon frère[4], que je crois, sera de mon avis.

ARNOLPHE

Quoi ? se laissera-t-il gouverner par son fils ?
Est-ce que vous voulez qu'un père ait la mollesse
De ne savoir pas faire obéir la jeunesse ?
1690 Il serait beau vraiment qu'on le vît aujourd'hui
Prendre loi de qui doit la recevoir de lui !
Non, non : c'est mon intime[5], et sa gloire est la mienne :
Sa parole est donnée, il faut qu'il la maintienne,
Qu'il fasse voir ici de fermes sentiments,
1695 Et force[6] de son fils tous les attachements.

---

1 *prévenu* : plein de prévention.
2 *ranger* : faire obéir.
3 *nous faisons contre eux* : nous agissons contre leur bien.
4 *frère* : il s'agit en fait de «beau-frère».
5 *intime* : ami intime.
6 *force* : brise.

ORONTE
C'est parler comme il faut, et, dans cette alliance,
C'est moi qui vous réponds de son obéissance.

CHRYSALDE, *à Arnolphe.*
Je suis surpris, pour moi, du grand empressement
Que vous me faites voir pour cet engagement,
1700 Et ne puis deviner quel motif vous inspire…

ARNOLPHE
Je sais ce que je fais, et dis ce qu'il faut dire.

ORONTE
Oui, oui, Seigneur Arnolphe, il est…

CHRYSALDE
                                        Ce nom l'aigrit;
C'est Monsieur de la Souche, on vous l'a déjà dit.

ARNOLPHE
Il n'importe.

HORACE
            Qu'entends-je!

ARNOLPHE, *se retournant vers Horace.*
                                Oui, c'est là le mystère,
1705 Et vous pouvez juger ce que je devais faire.

HORACE
En quel trouble…

SCÈNE 8 : Georgette, enrique, Oronte, Chrysalde, Horace, Arnolphe

Georgette
Monsieur, si vous n'êtes auprès,
Nous aurons de la peine à retenir Agnès ;
Elle veut à tous coups s'échapper, et peut-être
Qu'elle se pourrait bien jeter par la fenêtre.

Arnolphe
1710 Faites-la-moi venir ; aussi bien de ce pas
Prétends-je l'emmener ; ne vous en fâchez pas.
Un bonheur continu rendrait l'homme superbe[1] ;
Et chacun a son tour, comme dit le proverbe.

Horace
Quels maux peuvent, ô Ciel ! égaler mes ennuis[2] !
1715 Et s'est-on jamais vu dans l'abîme où je suis !

Arnolphe, *à Oronte.*
Pressez vite le jour de la cérémonie :
J'y prends part, et déjà moi-même je m'en prie[3].

Oronte
C'est bien notre dessein[§].

---

1 *superbe* : orgueilleux.

2 *ennuis* : malheurs.

3 *je m'en prie* : je m'y invite.

SCÈNE 9 : Agnès, Alain, Georgette, Oronte, Enrique, Arnolphe, Horace, Chrysalde

Arnolphe

Venez, belle, venez,
Qu'on ne saurait tenir, et qui vous mutinez[1].
1720 Voici votre galant$, à qui, pour récompense,
Vous pouvez faire une humble et douce révérence.
Adieu. L'événement trompe un peu vos souhaits ;
Mais tous les amoureux ne sont pas satisfaits.

Agnès

Me laissez-vous, Horace, emmener de la sorte ?

Horace

1725 Je ne sais où j'en suis, tant ma douleur est forte.

Arnolphe

Allons, causeuse, allons.

Agnès

Je veux rester ici.

Oronte

Dites-nous ce que c'est que ce mystère-ci,
Nous nous regardons tous, sans le pouvoir comprendre.

Arnolphe

Avec plus de loisir je pourrai vous l'apprendre.
1730 Jusqu'au revoir.

Oronte

Où donc prétendez-vous aller ?
Vous ne nous parlez point comme il nous faut parler.

---

1 *mutinez* : rebellez.

ARNOLPHE

Je vous ai conseillé, malgré tout son murmure[1],
D'achever l'hyménée.

ORONTE

        Oui. Mais pour le conclure,
Si l'on vous a dit tout, ne vous a-t-on pas dit
1735 Que vous avez chez vous celle dont il s'agit,
La fille qu'autrefois de l'aimable Angélique,
Sous des liens secrets, eut le seigneur Enrique ?
Sur quoi votre discours était-il donc fondé ?

CHRYSALDE

Je m'étonnais aussi de voir son procédé.

ARNOLPHE

1740 Quoi ?...

CHRYSALDE

        D'un hymen§ secret ma sœur eut une fille,
Dont on cacha le sort à toute la famille.

ORONTE

Et qui sous de feints[2] noms, pour ne rien découvrir,
Par son époux aux champs[3] fut donnée à nourrir.

CHRYSALDE

Et dans ce temps, le sort, lui déclarant la guerre,
1745 L'obligea de sortir de sa natale terre.

ORONTE

Et d'aller essuyer mille périls divers
Dans ces lieux séparés de nous par tant de mers.

---

1 *murmure* : refus.

2 *feints* : faux.

3 *aux champs* : à la campagne.

CHRYSALDE

Où ses soins[§] ont gagné ce que dans sa patrie
Avaient pu lui ravir l'imposture[1] et l'envie[2].

ORONTE

1750 Et de retour en France, il a cherché d'abord,
Celle à qui de sa fille il confia le sort.

CHRYSALDE

Et cette paysanne a dit avec franchise
Qu'en vos mains à quatre ans elle l'avait remise.

ORONTE

Et qu'elle l'avait fait sur votre charité[3],
1755 Par un accablement d'extrême pauvreté.

CHRYSALDE

Et lui, plein de transport[§] et l'allégresse en l'âme,
A fait jusqu'en ces lieux conduire cette femme.

ORONTE

Et vous allez enfin la voir venir ici,
Pour rendre aux yeux de tous ce mystère éclairci.

CHRYSALDE

1760 Je devine à peu près quel est votre supplice;
Mais le sort en cela ne vous est que propice :
Si n'être point cocu vous semble un si grand bien,
Ne vous point marier en est le vrai moyen.

ARNOLPHE, *s'en allant tout transporté[§],*
et ne pouvant parler.

Oh !

---

1 *l'imposture* : le mensonge.

2 *l'envie* : la jalousie.

3 *sur votre charité* : en se fiant à votre charité.

ORONTE

D'où vient qu'il s'enfuit sans rien dire ?

HORACE

Ah ! mon père,

1765 Vous saurez pleinement ce surprenant mystère.
Le hasard en ces lieux avait exécuté
Ce que votre sagesse avait prémédité[1] :
J'étais par les doux nœuds d'une ardeur mutuelle
Engagé de parole avecque cette belle[2] ;
1770 Et c'est elle, en un mot, que vous venez chercher,
Et pour qui mon refus a pensé[3] vous fâcher.

ENRIQUE

Je n'en ai point douté d'abord que je l'ai vue,
Et mon âme depuis n'a cessé d'être émue.
Ah ! ma fille, je cède à des transports[§] si doux.

CHRYSALDE

1775 J'en ferais de bon cœur, mon frère, autant que vous,
Mais ces lieux et cela ne s'accommodent guères[4].
Allons dans la maison débrouiller ces mystères,
Payer à notre ami ces soins[§] officieux[5],
Et rendre grâce au Ciel qui fait tout pour le mieux.

J. B. P. de Molière

---

1 *prémédité* : prévu.
2 *Engagé de parole avecque cette belle* : ayant promis le mariage à cette jeune fille.
3 *a pensé* : a failli.
4 *ne s'accommodent guères* : ne vont guère ensemble.
5 *officieux* : secourables (employé dans un sens ironique).

L'École des femmes, ACTE V, SCÈNE 3.

GRAVURE DE FRANÇOIS BOUCHER, 1734.
Bibliothèque nationale, Paris.

Molière.

PRÉSENTATION

DE

L'ŒUVRE

Audience donnée par Louis XIV à l'envoyé de Turquie en 1669.

Molière et son époque

LE CONTEXTE HISTORIQUE

Le XVIIᵉ siècle : le Grand Siècle

Le XVIIᵉ siècle s'étend, du point de vue de l'histoire, de la mort du roi Henri IV, en 1610, à celle de Louis XIV, en 1715. Durant ce siècle, la France connaîtra deux rois, Louis XIII et Louis XIV, dont le règne permettra de consolider la place de la monarchie absolue dans la vie politique française.

1610-1661 : avant Louis XIV

Après l'assassinat du roi Henri IV, en 1610, la reine Marie de Médicis prend le pouvoir : c'est la régence[1] (1610-1617). Lorsque son fils Louis XIII accède au trône, après une période marquée par de nombreux troubles politiques, il s'appuie sur son ministre, le cardinal de Richelieu, afin de centraliser le pouvoir politique. Désormais, le roi de France règne en maître absolu sans se soucier des diverses contestations qui sont, de toutes façons, sévèrement réprimées par Richelieu. Le pouvoir royal s'étend à tous les domaines de la société, y compris la langue, la religion et l'économie. À la mort de Louis XIII, en 1643, son fils Louis XIV n'a que cinq ans. Commence donc alors la seconde régence (1643-1661), celle d'Anne d'Autriche, veuve de Louis XIII, et du ministre Mazarin.

1661-1715 : le règne de Louis XIV

Le règne de Louis XIV est exceptionnel à plus d'un titre. D'abord, par sa durée : cinquante-quatre ans. Ensuite, par l'essor remarquable que connaîtra la France, sur les plans économique, militaire et artistique. La personnalité

---

1 *régence* : intérim qu'assurent un membre de la famille royale et un administrateur pendant la période où le prince héritier est trop jeune pour exercer lui-même le pouvoir royal.

flamboyante du roi (surnommé le Roi-Soleil), la haute idée qu'il se fait de ses devoirs et de ses privilèges ainsi que son désir de s'approprier entièrement le pouvoir politique transforment en profondeur la société française. Avec Louis XIV, le concept de monarchie absolue triomphe. Le roi représente une autorité suprême, désignée par Dieu pour régner sur le peuple. C'est d'ailleurs Louis XIV qui fait construire le gigantesque château de Versailles, symbole de sa puissance, où il établit sa cour.

L'affirmation de la monarchie absolue se fait au détriment de la noblesse. Durant tout le XVIIᵉ siècle, les nobles ne cessent de s'appauvrir. Comme ils sont obligés de rester auprès du roi afin de profiter de ses faveurs, les nobles doivent mener un train de vie luxueux et coûteux qu'ils ont peine à entretenir, car la loi leur interdit d'exercer un métier. La petite noblesse, celle qui vit en province, loin de Paris et de la cour, subsiste de peine et de misère grâce à de maigres revenus fonciers.

La bourgeoisie, par contre, s'affirme de plus en plus. L'essor de l'industrie et du commerce, favorisé notamment par les colonies françaises en Amérique et aux Antilles, permet l'enrichissement des marchands et des banquiers. Encore inférieurs, socialement, aux nobles, les bourgeois disposent toutefois de vastes sommes d'argent qui leur permettent de jouir de privilèges de plus en plus grands, notamment parce qu'ils sont parfois les créanciers de l'État, qui a besoin d'argent pour ses coûteuses entreprises militaires.

Quant au peuple, son sort est peu enviable. Écrasé par les taxes du roi et les redevances dues aux nobles, décimé par des maladies comme la variole, le typhus ou la dysenterie, presque démuni devant la loi, le peuple français essaie avant tout de survivre. Les paysans sont, pour la plupart, encore sous le joug du régime seigneurial et condamnés à cultiver le même lopin de terre toute leur vie. Pour échapper à ce destin sans espoir, certains choisissent d'émigrer en

La famille de paysans.
TABLEAU DE LOUIS LE NAIN, VERS 1640.
Musée du Louvre, Paris.

Nouvelle-France où, malgré les dangers que l'aventure comporte, ils seront libérés de la toute-puissance du roi et des nobles.

La condition féminine au XVIIe siècle

La femme, au XVIIe siècle, doit la plupart du temps se contenter de ses rôles d'épouse et de mère. Toute son éducation, depuis sa tendre enfance, l'y prépare. Les couvents enseignent aux jeunes filles de la haute société la broderie, la couture et la piété. Les lectures sont sévèrement contrôlées et l'obéissance est de rigueur. Le but de cette éducation est de détourner les jeunes filles de tout ce qui pourrait les empêcher de devenir des épouses soumises. Tenues ainsi à l'écart du monde, elles ne sortent du couvent que pour se marier.

Le mariage est, à l'époque, un outil de promotion sociale au sein de la bourgeoisie et permet de créer des alliances entre les familles des mariés. En général, le mariage est décidé par les parents, souvent alors que les futurs époux ne sont que des enfants. Les filles se marient très jeunes, parfois dès l'âge de douze ans. Lors des noces, la famille de la jeune épouse remet au marié une somme d'argent assez considérable, appelée la dot. Le montant de cette somme fait souvent l'objet d'un long marchandage entre les familles. On ne saurait sous-estimer l'importance de la question financière dans l'élaboration du contrat de mariage, à un point tel que les demoiselles dont la famille ne peut payer de dot ont très peu de chances de se marier. Dans les familles nombreuses, il n'est pas rare que l'on ne puisse doter qu'une seule des filles de la famille. Les autres demeurent «vieilles filles», statut assez humiliant à l'époque, et beaucoup sont envoyées, de gré ou de force, dans des couvents où elles passent le reste de leur existence.

Une fois mariée, la jeune femme doit remplir deux fonctions : voir à l'entretien de la maison et avoir des enfants. La femme mariée, au XVIIe siècle, est presque constamment enceinte, car le taux de mortalité infantile est très élevé et la société valorise les familles nombreuses.

La femme mariée n'a presque aucun droit. Le mari a le droit de battre sa femme, de surveiller ses fréquentations et de lire sa correspondance. Aux yeux de la loi, une épouse est aussi dépendante envers son mari qu'un enfant mineur l'est à l'égard de ses parents. *Les Maximes du mariage,* lues par Agnès au troisième acte de *L'École des femmes,* ne sont pas une invention de Molière ; elles reflètent plutôt la conception qu'on se faisait alors des devoirs de la femme mariée.

L'amour, dans tout cela, n'entre jamais en ligne de compte. Peu importe que les époux s'aiment ou ne s'aiment pas, le mariage est avant tout un arrangement social et financier. Il est même, à l'époque, assez ridicule pour un homme d'affirmer qu'il est amoureux de sa femme. Voilà pourquoi la crainte du cocuage se fonde sur une réalité bien tangible. Nombre de femmes cherchent à l'extérieur du mariage une forme de gratification émotive ou sexuelle qu'elles ne trouvent pas au sein du couple. Toutes ces liaisons se déroulant en secret, on en arrive inévitablement à décrire les femmes comme étant rusées, hypocrites ou manipulatrices. Quant au mari trompé, il est la cible de toutes sortes de quolibets. Cependant, il ne peut que s'en prendre à lui-même, car on considère qu'une des responsabilités du mari est de garder un œil sur les fréquentations de sa femme.

LES COURANTS DE PENSÉE AU XVIIe SIÈCLE

La religion : dévots et jansénistes

La religion catholique atteint un point culminant au XVIIe siècle, car le roi y voit un moyen d'unifier la France et d'asseoir son pouvoir absolu. Toutefois, à l'intérieur du catholicisme, plusieurs groupes aux tendances opposées s'affrontent. Les dévots prônent l'intégrisme religieux. Ils militent pour la purification des mœurs et s'opposent à tout ce qui peut corrompre la société, en particulier le théâtre, divertissement alors fort populaire. Les dévots réussissent à exercer une influence indéniable sur la société et il est clair que nombre d'entre eux se servent de cette influence à des fins plus politiques que spirituelles. À l'opposé, les jansénistes, plus mystiques, ne s'intéressent qu'au salut de l'âme et essaient de se détacher du monde matériel. Selon leur doctrine, la nature humaine est inévitablement portée à faire le mal et tout ce qui relie l'être humain aux passions terrestres est un obstacle à son salut.

Le courant mondain et la préciosité

Le XVIIe siècle voit également apparaître une volonté de purifier les mœurs. La notion d'«honnête homme» naît de l'intention d'éduquer la noblesse et de lui proposer un idéal de comportement. L'honnête homme se distingue par sa culture, sa galanterie, sa courtoisie, son esprit modéré et réfléchi. Il conjugue élégance morale et noblesse du cœur, satisfaisant ainsi aux règles de conduite que dicte la monarchie. Le courant mondain s'inscrit dans ce même esprit de réaction à la vulgarité des manières et au langage grossier. L'élite mondaine (l'aristocratie et la haute bourgeoisie) fréquente les salons. Là, dans ces cercles féminins, des écrivains, des artistes et des intellectuels cultivent les conversations mondaines, littéraires et politiques, les belles manières, le raffinement de la pensée, l'art de discourir en termes amoureux et galants. Mais ce mouvement dégénère rapidement en abus de toutes sortes : langue artificielle, pédantisme, galanterie compliquée et affectation des sentiments. Le mot «préciosité» désigne tous ces excès du courant mondain.

Le Caquet des femmes.
DÉTAIL D'UNE GRAVURE DE NICOLAS ARNOULT,
FIN DU XVIIe SIÈCLE.
Bibliothèque des Arts Décoratifs, Paris.

LE CONTEXTE LITTÉRAIRE

Le Grand Siècle oscille entre deux courants littéraires : le baroque et le classicisme, courants opposés dont on trouve également des traces en peinture et en architecture.

Le baroque

Le courant baroque apparaît au cours de la première moitié du XVIIe siècle. Il témoigne d'une vision de l'existence où priment l'instabilité et la précarité. Le monde change, se transforme constamment, à l'image des saisons dont le passage modifie la nature. Pour les baroques, la vie se définit par son mouvement qui emporte les êtres de la naissance à la mort. Leurs écrits s'inspirent donc de thèmes tels la nature, l'amour et la mort, signe ultime de la fragilité de la vie.

L'écriture baroque se veut le reflet d'un monde en transformation et privilégie l'exubérance, l'irrégularité, la démesure, la fantaisie ainsi que l'imagination. L'écriture est raffinée, imagée. Les figures de style, particulièrement les métaphores, les personnifications et les antithèses, abondent. L'auteur baroque fuit la sobriété et rejette toute forme de règles, laissant libre cours à son inspiration.

Le classicisme

À la base du classicisme, se trouve l'idée selon laquelle l'art est le reflet de la civilisation. À ce titre, la création doit être «civilisée», c'est-à-dire soumise à une certaine discipline. Ce courant, qui connaît son apogée entre 1660 et 1680, préconise un idéal d'ordre, de simplicité et de discipline fondé sur la raison humaine, la bienséance et le bon goût. Tous les domaines artistiques seront touchés par cette recherche d'unité et d'équilibre qui fait autorité. Et la langue n'y fait pas exception : elle sera épurée et corrigée par des grammairiens qui en orienteront le bon usage.

Pour atteindre l'idéal classique, les auteurs doivent épurer leurs œuvres des excès du baroque. Au nom de la bienséance, la violence et la vulgarité sont proscrites. De même, il serait inconvenant de mélanger les tons dans une même pièce : le sublime ne doit jamais côtoyer le grivois, ni le comique pactiser avec le tragique.

Cet idéal de clarté et de rigueur a favorisé l'adoption, par la vaste majorité des dramaturges, de la règle des trois unités : unité d'action, unité de temps et unité de lieu. L'unité d'action implique que la pièce doit être centrée sur une seule intrigue. Cette règle est encore respectée, consciemment ou non, par plusieurs dramaturges et scénaristes de notre époque. L'unité de temps suppose que toute l'action doit se dérouler à l'intérieur d'une journée, c'est-à-dire en moins de vingt-quatre heures. L'unité de lieu, très controversée, exige, quant à elle, que l'action se déroule dans un seul lieu.

Le but du théâtre classique est de plaire et d'instruire : il doit plaire, car tout spectacle est un divertissement, mais ce dernier n'est jamais futile. En effet, le spectateur y trouve également matière à réflexion. Il importe que le bon sens, la justice et la morale triomphent afin de donner au public l'impression que la morale et l'ordre social sont toujours préservés. De plus, les thèmes du théâtre classique doivent être universels. Il faut que l'œuvre décrive des vérités intemporelles, propres non pas à une époque ou à un lieu en particulier, mais plutôt à la nature humaine en général.

Outre l'universalité, on exige la vraisemblance : l'histoire présentée sur scène doit être crédible, elle doit favoriser l'identification du public aux personnages. Les classiques recommandent d'imiter les auteurs de l'Antiquité[1], qui ont, mieux que quiconque, saisi l'essentiel de la nature humaine dans leurs œuvres.

---

1 Surtout Homère et Virgile.

Le classicisme a certes connu son heure de gloire au cours de la seconde moitié du XVIIe siècle, grâce, notamment, à l'appui du roi Louis XIV. Toutefois, il ne faut pas croire que la littérature de cette époque est dénuée de fantaisie, d'inventivité et d'audace. Au contraire, le théâtre du XVIIe siècle est «le lieu privilégié de la résistance à l'esprit et au goût classiques»[1]. Molière contourne allègrement les règles du classicisme, cherchant à n'en appliquer qu'une seule : plaire.

**Monsieur, le frère de Louis XIV,
protecteur de la troupe de Molière.**

PORTRAIT DE PIERRE MIGNARD.
Versailles, Musée national du château.

---

1 PUZIN, Claude. *Littérature, textes et documents (XVIIe siècle)*, Paris, Nathan, 1987, p. 10.

MOLIÈRE ET SON ŒUVRE

VIE DE MOLIÈRE

Né à Paris, en 1622, Jean-Baptiste Poquelin est issu d'une famille bourgeoise. Son père était tapissier du roi. Éduqué par les jésuites, Poquelin étudie le droit, mais sa passion pour le théâtre finit par l'emporter sur ses études et, en 1643, il fonde l'Illustre-Théâtre. L'entreprise est un échec et la compagnie se dissout rapidement, victime de la concurrence exercée par les troupes déjà établies dans la région parisienne. Molière et sa maîtresse, la comédienne Madeleine Béjart, quittent alors Paris et forment une petite troupe itinérante qui joue comédies et tragédies pour le public de province.

En 1658, après avoir sillonné la France pendant treize ans, Molière revient tenter sa chance à Paris. Il a trente-six ans. Très vite, il bénéficie de l'appui et de la protection de Monsieur, le frère du roi Louis XIV. À la fois acteur, auteur et metteur en scène, Molière multiplie les succès.

Molière observe les gens autour de lui, prend des notes, analyse leurs défauts, les grossit, et les portraits qu'il donne à voir sur scène provoquent le rire. Mais cela ne va pas sans lui attirer des antipathies. Dès 1662, avec *L'École des femmes*, grande comédie humaniste qui aborde de graves problèmes moraux, dont l'éducation prodiguée aux jeunes filles, Molière déclenche une «guerre comique»[1] : les précieuses et les marquis, ses victimes, les dévots et les troupes rivales crient au scandale. Cependant, Louis XIV le soutient et reconnaît en lui un artiste doué ; il lui accorde une pension généreuse, faisant ainsi bien des jaloux.

Dès lors, Molière multiplie les succès : *Le Misanthrope* (1666), *L'Avare* (1668), *Le Bourgeois gentilhomme* (1670), *Les Femmes savantes* (1672), *Le Malade imaginaire* (1673)… Son œuvre éblouit par sa richesse et sa diversité.

---

1 Voir page 167.

En 1664, Molière crée *Le Tartuffe ou l'Imposteur*, dans le cadre de l'une des fêtes extravagantes ayant régulièrement lieu à Versailles. C'est le scandale. L'audace du sujet traité, soit l'hypocrisie religieuse, explique ce scandale. Les dévots, outrés, attaquent et exercent leur puissante influence : malgré la sympathie que Louis XIV éprouve envers Molière, le roi n'a d'autre choix que d'interdire les représentations publiques de la pièce.

Avec *Le Tartuffe*, Molière s'engage délibérément dans une littérature de combat. Il contre-attaque, un an plus tard, avec *Dom Juan* et accuse de plus belle l'hypocrisie des faux dévots qui se servent de la religion pour masquer leurs intérêts personnels. La tension monte, le climat est à la polémique et, au nom de la morale chrétienne, la pièce est interdite. Enfin, en 1666, Molière crée *Le Misanthrope*, une pièce dont le héros condamne ouvertement les faux-semblants ainsi que les manières affectées des nobles et des bourgeois qui cachent leurs basses considérations.

Molière aura enfin sa revanche, en 1669, lorsque, toujours avec le soutien du roi, *Le Tartuffe* est rejoué. Toutefois, il s'agit d'un triomphe amer : les dernières années de l'auteur sont marquées par de nombreux déboires personnels. Le mariage qu'il contracte en 1662 avec Armande Béjart, dont on ne sait si elle est la sœur ou la fille de son ancienne maîtresse Madeleine Béjart, lui vaut calomnies et rumeurs d'inceste. Écrasé par le travail, miné par un mariage malheureux ainsi que par les intrigues fomentées par ses ennemis, Molière meurt en 1673, à cinquante et un ans, tout juste après une représentation du *Malade imaginaire*.

L'IMPORTANCE DE L'ŒUVRE DE MOLIÈRE

Le classicisme avait fait de la tragédie le seul genre dramatique majeur. La comédie attirait moins les drama-turges, car elle ne pouvait leur procurer la même renommée que la tragédie. De manière générale, on considérait que la

Armande Béjart.
Bibliothèque nationale, Paris.

comédie était un genre dramatique inférieur. Molière fait donc figure de précurseur : héritier des farceurs du Moyen Âge et de la comédie ambulante venue d'Italie, il dépasse le genre en donnant un tour nouveau à la comédie.

Molière a voulu faire de la comédie un genre aussi noble que la tragédie, qui a atteint des sommets avec Corneille (1606-1684) et Racine (1639-1699). Il innove par la vérité et la profondeur de la psychologie de ses personnages. Ses protagonistes ne se contentent jamais d'incarner un trait de la condition humaine. Ce sont des êtres complexes (parfois aux prises avec leurs propres contradictions) et toujours crédibles, tel Alceste, personnage principal du *Misanthrope*, qui hait les humains, mais qui aime une mondaine. Plutôt que d'en faire des pantins sans âme, Molière crée des personnages réalistes auxquels le spectateur peut s'identifier.

L'œuvre de Molière étonne aussi par son audace. Elle aborde des questions délicates, comme l'argent, la religion, le pouvoir ou l'hypocrisie affectant les rapports humains. Toutefois, il ne faut pas voir en Molière un moraliste austère. Il est parfaitement conscient que le public s'attend d'abord à rire en assistant à ses pièces, et même des œuvres dites sérieuses, comme *Le Misanthrope* ou *Le Tartuffe*, comportent des passages comiques.

Molière a haussé les exigences de l'écriture comique à un niveau jusque-là inégalé. Dès lors, la comédie ne peut plus se limiter à des grimaces de saltimbanques et à des intrigues bâclées. Plus de trois siècles après sa disparition, Molière demeure le dramaturge français le plus joué. On continue de présenter ses œuvres dans des interprétations constamment renouvelées et elles suscitent toujours le même engouement.

L'œuvre expliquée

LE GENRE DRAMATIQUE : LA COMÉDIE

Le sens du mot «comédie», au XVIIe siècle, n'est pas le même que celui que nous lui attribuons à notre époque. De fait, il faut distinguer deux termes : farce et comédie.

La farce est une courte pièce qui met en scène un petit groupe de personnages. Son but est essentiellement de faire rire le public, grâce à des procédés connus : disputes de ménages, épouses infidèles, tromperies, coups, grimaces, etc. Molière a écrit plusieurs farces, notamment *Les Fourberies de Scapin*, *Les Précieuses ridicules* et *Le Médecin volant*.

La comédie appartient, pour sa part, à un registre littéraire plus exigeant. Elle se divise en quatre sous-genres.

1 La comédie d'intrigue : l'action de la pièce est complexe et repose sur de nombreux rebondissements, stratagèmes et manœuvres. Molière pratique ce genre au début de sa carrière avec *L'Étourdi* (1655) et *Le Dépit amoureux* (1656).

2 La comédie de caractère : elle met en scène un personnage qui se distingue par une manie, une obsession, voire une «folie». Il s'agit d'analyser la nature humaine dans ses excès. Parmi les pièces célèbres de Molière se classant dans cette catégorie se trouvent *L'Avare* (1668) et *Le Malade imaginaire* (1673).

3 La comédie de mœurs : elle a pour sujet des problèmes sociaux ou psychologiques propres à une époque donnée, comme la médecine, la préciosité, la place de la femme dans la société, etc. Elle pose un regard critique, souvent satirique, sur la société et suscite immanquablement des réactions de la part des spectateurs. Molière pratique ce genre avec succès, comme en témoignent *Le Bourgeois gentilhomme* (1670) et *Les Femmes savantes* (1672).

4 La grande comédie : c'est la forme la plus estimée de la comédie classique. Sa rigueur rejoint celle de la tragédie. Généralement en cinq actes et écrite en vers, la grande comédie a des visées plus ambitieuses que les autres comédies. On parle alors de «corriger les vices des hommes par les vertus du rire», autrement dit, de dénoncer un des travers de la société tout en amusant le spectateur. Molière, dont l'ambition était d'élever la comédie au même rang que la tragédie dans la hiérarchie des genres dramatiques, doit la reconnaissance mondiale qui a suivi sa mort à ses grandes comédies : *Le Tartuffe* (1664), *Dom Juan* (1665), *Le Misanthrope* (1666) et *Les Femmes savantes* (1672).

L'École des femmes est généralement considérée comme la première grande comédie de Molière, étant donné sa structure en cinq actes et l'usage des alexandrins (vers de douze syllabes employés dans le théâtre classique). Cependant, on peut également classer *L'École des femmes* parmi les comédies de caractère, à cause du personnage d'Arnolphe, obsédé par la peur du cocuage, ou encore parmi les comédies de mœurs, car la pièce traite de l'éducation des filles, sujet qui passionnait l'opinion publique de l'époque.

LES PERSONNAGES

Arnolphe

Arnolphe est un riche bourgeois de quarante-deux ans qui vit en province. C'est le personnage central de la pièce, celui qui met en branle l'intrigue et qui est présent dans toutes les scènes sauf une. Son prénom, Arnolphe, n'a pas été choisi au hasard : saint Arnolphe était considéré, à l'époque, comme le patron des maris trompés. Voilà sans doute pourquoi ce personnage préfère se faire appeler «Monsieur de la Souche», nom à consonance aristocratique qui souligne le caractère prétentieux du personnage.

Au premier abord, Arnolphe est un personnage foncièrement antipathique. C'est un misogyne convaincu, qui considère que toutes les femmes sont menteuses et perfides. Autoritaire avec ses serviteurs, intransigeant, il ne supporte aucune contradiction, comme en témoignent les scènes lors desquelles il discute avec Chrysalde. Il est obsédé par la peur du cocuage : en enfermant Agnès, dès son plus jeune âge, dans un couvent et en la maintenant dans l'ignorance, il souhaite brimer l'épanouissement de la jeune fille dans le seul but de s'assurer une certaine tranquillité d'esprit.

Toutefois, les revers de fortune dont il est victime le rendent comique. Horace et Agnès réussissent presque malgré eux à déjouer tous ses plans, ses serviteurs se moquent de lui et le pauvre Arnolphe va de déconvenue en déconvenue jusqu'à sa défaite finale, au cinquième acte. Cruelle ironie de l'intrigue, c'est lorsqu'il tombe véritablement amoureux d'Agnès, à partir du quatrième acte, que celle-ci devient de plus en plus rebelle et indépendante. Le vieux garçon misogyne ne découvre l'amour que pour en éprouver la déception.

Arnolphe est un personnage d'une grande richesse qui offre de multiples possibilités d'interprétation. Lors de la création de la pièce, c'est Molière lui-même qui interprétait le rôle, dans un registre purement comique, appuyé par des mimiques, des roulements d'yeux et des soupirs profonds. D'autres interprètes ont voulu montrer la dimension tragique de ce personnage qui se laisse prendre au jeu de l'amour, mais qui sort de scène humilié et défait. L'ambiguïté d'Arnolphe, bouffon tyrannique ou amoureux maladroit, fascine encore aujourd'hui, d'ailleurs, comédiens et metteurs en scène du monde entier.

Agnès

Jeune fille d'environ dix-huit ans, Agnès vient, selon ce que laissent croire les apparences, d'un milieu paysan.

En réalité, elle est, nous l'apprenons à la fin de la pièce, la fille d'Enrique, un bourgeois qui a fait fortune en Amérique.

Arnolphe l'a rencontrée alors qu'elle n'avait que quatre ans et a décidé de l'épouser. Ce type d'arrangement était alors courant et il ne faut pas y voir d'intentions immorales. Selon les instructions d'Arnolphe, Agnès a été élevée à l'écart de la société, dans l'ignorance la plus complète des réalités de la vie. Voilà pourquoi, lors de sa première apparition sur scène, elle se révèle passive, docile, presque niaise. Toutefois, à mesure qu'elle découvre l'amour et qu'elle prend conscience de son ignorance, elle devient de plus en plus indépendante et audacieuse, osant même s'enfuir avec Horace à l'ACTE V.

Bien qu'elle soit l'enjeu de la rivalité existant entre Arnolphe et Horace, elle apparaît peu souvent dans la pièce et ses répliques ne totalisent que cent-cinquante vers environ. Chacune de ses apparitions, par contre, constitue une étape importante de l'intrigue, que ce soit lorsqu'elle explique à Arnolphe la cour assidue que lui fait Horace (ACTE II, SCÈNE 5), lorsqu'elle lit *Les Maximes du mariage* (ACTE III, SCÈNE 2) ou lorsqu'elle ose enfin tenir tête à Arnolphe (ACTE V, SCÈNE 4). On a parfois reproché à Molière la rapidité avec laquelle Agnès passe de la soumission totale à la révolte ouverte, mais c'est justement cette évolution accélérée et la véhémence de sa révolte qui soulignent toute l'absurdité du projet d'Arnolphe.

Horace

Horace est le personnage le plus stéréotypé de la pièce. C'est le jeune premier, le jeune bourgeois séduisant dont l'héroïne va fatalement tomber amoureuse. Fils d'Oronte, un ami d'Arnolphe, il est vêtu avec raffinement, ses manières sont exquises, bref, tout dans sa personne vise à charmer. Il incarne la légèreté, l'enthousiasme un peu naïf de la jeunesse. Horace ressent un amour pur et intense pour

Arnolphe remet à Agnès *Les Maximes du mariage*.

Tableau de Leman.
Musée de Nantes.

Agnès, et sa douceur comme sa galanterie l'opposent en tout à Arnolphe, qui ne voit dans l'amour que le moyen de dominer et de contrôler Agnès.

Chrysalde

Chrysalde s'oppose, par son bon sens et son fatalisme, à Arnolphe. Il est l'honnête homme, tel que se le représentaient les Français du XVIIe siècle, qui fuit les conflits et qui cherche la bonne entente. Personnage plutôt fataliste, il accepte avec placidité le monde dans lequel il vit.

Enrique et Oronte

Ces deux personnages ne font qu'une brève apparition à la fin de la pièce afin de dénouer l'intrigue. Oronte est le père d'Horace et a résolu de marier son fils à Agnès. Quant à Enrique, il est le père naturel d'Agnès et, après avoir fait fortune en Amérique, il est de retour en France pour retrouver sa fille et la marier à Horace.

Alain et Georgette

Les serviteurs d'Arnolphe provoquent le rire du spectateur par leur bêtise. Ce sont les traditionnels valets de comédie, simples d'esprit, plus attachés à l'argent qu'à leur maître. Leurs apparitions rappellent l'humour burlesque de la farce et servent à détendre l'atmosphère.

Le Notaire

Le Notaire n'apparaît qu'à la scène 2 de l'acte iv, lors d'un intermède comique où son jargon juridique contraste avec les états d'âme d'Arnolphe.

LES THÈMES PRINCIPAUX

Le mariage

Pour la bourgeoisie du XVIIe siècle, le mariage était avant tout un outil de promotion sociale et économique, un contrat entre deux personnes (et le plus souvent entre deux familles) dont l'argent et la respectabilité sociale constituaient les enjeux[1]. Arnolphe, par ses idées et les gestes qu'il pose, illustre parfaitement cette conception du mariage. À quarante-deux ans, Arnolphe se marie comme tout bon bourgeois de son âge doit le faire. Sa respectabilité en dépend. Le mariage est donc, pour lui, avec son argent et ses propriétés, un autre signe de sa réussite. Agnès, à ses yeux, ne représente, au début de la pièce, qu'une acquisition, qu'une possession. Voilà pourquoi Arnolphe est obsédé par la peur d'être cocu : en bon bourgeois, il craint de perdre ses biens. Le mariage n'est que l'aboutissement d'un investissement qu'il a fait alors qu'Agnès avait quatre ans. Il ne ressent aucun besoin de plaire ni de séduire la jeune fille. Le mariage n'est que le moyen de retirer les «dividendes» de son investissement en la personne d'une jeune épouse soumise et obéissante.

La soumission est d'ailleurs le second volet de la conception bourgeoise du mariage préconisée par Arnolphe. Épouser une jeune fille naïve lui donne l'assurance de pouvoir la contrôler à sa guise, de la dominer comme il le fait avec ses serviteurs Alain et Georgette. Il prend bien soin de remettre à Agnès une copie des *Maximes du mariage,* dont le contenu correspond en tous points à ses exigences. Dans ses rapports avec Agnès, au début de la pièce, il n'y a aucune tendresse, aucun amour, pas même de sympathie. Son comportement ressemble davantage à celui d'un sévère père de famille qu'à celui d'un futur époux.

---

1   Voir le contexte historique, p. 138.

On ne saurait voir en Arnolphe un cas isolé. Il est, au contraire, tout à fait représentatif de la mentalité masculine de l'époque. Mais Molière a l'audace de proposer une nouvelle vision du mariage, fondée sur le bonheur individuel et l'amour réciproque entre l'homme et la femme. Cette vision est incarnée par le personnage d'Horace, jeune héros romantique pour qui l'amour l'emporte sur toute autre considération, que ce soit la famille, le devoir ou l'argent. Horace tient un discours totalement différent de celui d'Arnolphe et c'est ce discours qui gagne le cœur d'Agnès, comme elle le dit si bien à l'ACTE V, SCÈNE 4 :

> Chez vous le mariage est fâcheux et pénible,
> Et vos discours en font une image terrible ;
> Mais, las ! il le fait, lui, si rempli de plaisirs,
> Que de se marier il donne des désirs.

C'est l'amour qui l'emporte à la fin de la pièce, lorsque Horace apprend que la jeune fille qu'il doit épouser est Agnès. Bien que ce dénouement dépende du hasard des circonstances, il n'en demeure pas moins vrai que Molière privilégie la vision romantique du mariage représentée par Horace, par opposition à la vision matérialiste et bourgeoise d'Arnolphe, ce qui, pour l'époque, est tout à fait singulier.

L'amour

Pour Molière, il ne saurait y avoir de mariage sans amour. Si la volonté d'Arnolphe de se marier met en branle l'intrigue, l'évolution du sentiment amoureux chez les personnages principaux la structure : Arnolphe, Agnès et Horace découvrent, chacun de manière différente, l'amour au cours des vingt-quatre heures pendant lesquelles se déroule l'action.

Horace, le jeune homme un peu insouciant et fanfaron du premier acte, pourrait n'être qu'un de ces séducteurs que l'on retrouvait dans les comédies italiennes du XVIIe siècle,

Le cocu.

Comédie ou Farce de six personnages
de H. Liefrinck, xvie siècle.
Cabinet des Estampes, Paris.

toujours à l'affût d'une quelconque aventure amoureuse, en attendant son futur mariage. Au contraire, le jeune homme s'éprend vraiment d'Agnès, et à aucun moment le spectateur ne peut douter de la sincérité de ses intentions. Il est prêt à tout pour Agnès, poussant l'audace jusqu'à faciliter sa fuite et à la cacher (ACTE V), ce qui aurait pu lui valoir de sérieux ennuis au regard de la justice[1]. Le dénouement final, qui lui permet d'épouser Agnès, n'est guère vraisemblable ; il s'avère néanmoins approprié, car il récompense l'amour pur et désintéressé du jeune homme.

Par opposition, l'amour que ressent Arnolphe pour Agnès est beaucoup plus ambigu. Au début de la pièce, Arnolphe n'éprouve aucun sentiment pour la jeune fille : elle n'est que sa chose, le bien qu'il a acquis plusieurs années auparavant et qu'il a patiemment gardé en attendant le moment où la jeune fille serait assez vieille pour qu'il l'épouse. Il ne ressent aucun besoin de plaire à la jeune fille. Mais l'apparition d'Horace l'oblige soudainement à séduire Agnès afin d'écarter son rival. L'amour naît donc chez Arnolphe lorsqu'il se rend compte que son bien peut lui échapper. On peut dès lors douter de la sincérité de l'amour qu'il affirme éprouver. D'ailleurs, la vulgarité de son vocabulaire amoureux dévoile la bassesse de ses sentiments. Découvrant qu'Agnès aime Horace, il affirme :

Si son cœur m'est volé par ce blondin funeste,
J'empêcherai du moins qu'on s'empare du reste
(ACTE IV, SCÈNE 7).

L'équivoque de l'expression «du reste» a choqué les contemporains bien-pensants de Molière. Elle n'exprime pas moins parfaitement le caractère libidineux de la passion d'Arnolphe, tout comme cette autre réplique à l'ACTE V, SCÈNE 4, où, croyant plaire à Agnès, il lui promet : «[...] je te

---

1 Agnès étant mineure et sous la garde d'Arnolphe, on pourrait accuser Horace d'enlèvement, même si la jeune fille est consentante.

caresserai,/ Je te bouchonnerai, baiserai, mangerai». Tout le discours amoureux d'Arnolphe n'est basé que sur la possession matérielle, charnelle. Comment s'étonner qu'une jeune fille à peine sortie de l'adolescence soit insensible à de tels propos ? Arnolphe, bourgeois autoritaire et matérialiste, ne découvre qu'un côté de l'amour. Or, ne pouvant envisager une relation basée sur le partage et la sensibilité, il ne peut être que rejeté.

Quoi qu'il en soit, de tous les personnages, c'est Agnès qui vit l'évolution la plus remarquable. L'amour lui ouvre les yeux, lui fait mesurer l'ignorance dans laquelle on l'a maintenue depuis l'enfance. Elle s'ouvre donc à l'amour avec tout l'enthousiasme dont peut être capable un être qui découvre la vie. Alors qu'elle vivait une existence monotone, passant ses journées à broder, entourée de deux valets stupides, voilà que surgit un beau jeune homme qui lui parle avec douceur. Agnès découvre dès lors qu'elle peut plaire et qu'elle est digne d'être séduite. Pour la première fois, elle est traitée avec respect et douceur. Elle découvre ainsi la tendresse :

> Et me disait des mots les plus gentils du monde,
> Des choses que jamais rien ne peut égaler,
> Et dont, toutes les fois que je l'entends parler,
> La douceur me chatouille et là-dedans remue
> Certain je ne sais quoi dont je suis toute émue.
> (ACTE II, SCÈNE 5)

Au fur et à mesure que son amour pour Horace grandit, Agnès devient de plus en plus débrouillarde et audacieuse. Elle désobéit à Arnolphe qui lui avait ordonné de jeter une pierre à Horace lors de leur rendez-vous : elle en profite au contraire pour remettre à son soupirant une lettre dans laquelle elle lui exprime son amour. Elle va même jusqu'à s'enfuir avec le jeune homme, rejetant en quelques heures des années d'éducation religieuse. La jeune fille soumise et presque muette du premier acte se transforme sous nos yeux en une jeune femme fière et décidée, capable, à l'ACTE V, de tenir tête à Arnolphe comme aucun autre personnage ne l'avait fait auparavant :

> Vous avez là dedans bien opéré vraiment,
> Et m'avez fait en tout instruire joliment !
> Croit-on que je me flatte, et qu'enfin, dans ma tête,
> Je ne juge pas bien que je suis une bête ?
> Moi-même, j'en ai honte ; et, dans l'âge où je suis,
> Je ne veux plus passer pour sotte, si je puis.
> (ACTE V, SCÈNE 4)

Ce qui paraissait impossible au premier acte se produit lorsque Arnolphe s'avoue vaincu :

> Jusqu'où la passion peut-elle faire aller !
> Enfin à mon amour rien ne peut s'égaler :
> Quelle preuve veux-tu que je t'en donne, ingrate ?
> Me veux-tu voir pleurer ? Veux-tu que je me batte ?
> Veux-tu que je m'arrache un côté de cheveux ?
> Veux-tu que je me tue ? Oui, dis si tu le veux :
> Je suis tout prêt, cruelle, à te prouver ma flamme.
> (ACTE V, SCÈNE 4)

Les rôles sont, pour un instant, inversés : le maître de la veille est devenu valet. L'amour a donc permis à Agnès de comprendre sa situation et de se libérer de sa servitude.

La critique de la morale religieuse

Molière fait montre de beaucoup d'audace dans sa représentation de la morale traditionnelle, notamment de la morale religieuse. L'autorité qu'entend exercer Arnolphe sur Agnès se fonde essentiellement sur des principes religieux. Il fait élever la jeune fille dans un couvent afin de la rendre aussi ignorante que possible. Il lui impose ensuite la lecture des *Maximes du mariage,* dont la formulation ressemble à s'y méprendre aux dix commandements de la Bible. On a d'ailleurs vu dans ces *Maximes* une satire de *L'Institution à Olympia*, ouvrage de saint Grégoire de Nysse (335-395) qui

venait alors d'être traduit en français. Et les images carica-
turales de l'enfer évoquées par Arnolphe à l'ACTE III, telles
les «[...] chaudières bouillantes/Où l'on plonge à jamais
les femmes mal vivantes», les individus dont l'âme devient
«noire comme un charbon» ou la menace de «[b]ouillir
dans les enfers à toute éternité», rappellent le discours des
dévots de l'époque[1]. Arnolphe, comme les bourgeois de son
temps, ne retient des enseignements religieux que ce qui lui
convient, que ce qui lui permet d'asseoir son autorité.
Molière trace ainsi un audacieux portrait de l'hypocrisie des
dévots qui se servent de la religion à des fins personnelles. Il
montre également que des principes trop stricts ne peuvent
que mener à la désobéissance et à la révolte; c'est précisément ce qui se produit lorsque Agnès s'enfuit avec Horace,
à l'ACTE V.

La critique de la bourgeoisie

Molière connaissait bien la bourgeoisie, car il en était
issu. Toutefois, en choisissant le métier marginal de comé-
dien, il s'est éloigné de son milieu d'origine. Cela explique
peut-être l'abondance de bourgeois ridicules dans son
œuvre: Harpagon (*L'Avare*), Monsieur Jourdain (*Le Bourgeois
gentilhomme*) et bien sûr Arnolphe.

Il était commun, depuis le Moyen Âge, de se moquer des
bourgeois. Leur place dans la société était ambiguë: assez
riches pour être enviés du peuple, ils étaient quelque peu
méprisés par les aristocrates, dont ils jalousaient les titres
de noblesse. Arnolphe, par exemple, exige d'être appelé
«Monsieur de la Souche», un titre ronflant dont il s'est
lui-même affublé.

Mais l'intention de Molière n'est pas seulement de
faire rire. Il parvient à dénoncer l'hypocrisie d'une classe
sociale qui invoque des principes moraux pour s'assurer la

---

1   Voir le contexte historique, p. 139.

possession matérielle. Le discours d'Arnolphe est rempli, on l'a vu, de préceptes religieux et moraux. Cependant, ces derniers ne servent qu'à maintenir Agnès dans un état d'infériorité et de dépendance. Cela démontre l'hypocrisie du personnage qui, tout en invoquant Dieu d'une part, est prêt à tout, d'autre part, y compris la violence physique, pour éliminer Horace, son rival.

LES PROCÉDÉS COMIQUES

Malgré le sérieux des thèmes abordés, il ne faudrait pas oublier que Molière est avant tout un auteur comique, qui cherche à plaire au public. Le rire est la seule vraie morale de l'œuvre de Molière, il est l'arme privilégiée par l'auteur pour contrer le ridicule ou l'hypocrisie. Dans *L'École des femmes*, Molière a recours à plusieurs procédés comiques.

Le comique de situation

L'intrigue de *L'École des femmes* repose sur un revirement de situation : Arnolphe croit être à l'abri du cocuage grâce au plan qu'il a élaboré, mais dès le premier acte, Horace, le fils d'un de ses amis, lui confie innocemment qu'il courtise Agnès. Horace ignore qu'Arnolphe et Monsieur de la Souche ne font qu'un. Ce quiproquo est quelque peu invraisemblable, mais le spectateur l'accepte néanmoins, car il provoque son amusement. Toutes les situations comiques de la pièce découlent de ce malentendu initial entre Arnolphe et Horace. Molière a échafaudé une véritable mécanique comique basée sur la répétition de la même situation : Horace confie ses projets à Arnolphe, alors celui-ci, alarmé, conçoit une riposte, mais cette dernière échoue lamentablement et ne fait qu'accentuer les malheurs d'Arnolphe. On constate que cette structure dramatique, si elle est basée sur la répétition, ne suit pas moins une gradation ascendante : les stratagèmes d'Arnolphe n'ont pour résultat que de rapprocher Horace et Agnès.

Le Bourgeois gentilhomme.

Acte et scène	Stratagème d'Arnolphe	Échec du stratagème	Rapprochement d'Horace et Agnès
ACTE III, SC. 4	Arnolphe ordonne à Agnès de lancer une pierre (un grès) à Horace lors de sa prochaine visite.	Agnès attache une lettre d'amour à la pierre.	La lettre d'Agnès prouve hors de tout doute à Horace qu'il est aimé d'Agnès.
ACTE IV, SC. 9 et ACTE V, SC. 2	Arnolphe demande à ses domestiques de battre Horace à coups de bâton.	Horace feint d'être mort et Agnès vient à son secours.	Agnès s'enfuit avec Horace.
ACTE V, SC. 9	Arnolphe conseille à Oronte de marier Horace sans tenir compte des désirs du jeune homme.	Agnès se révèle être la mystérieuse fiancée qu'Oronte destine à son fils.	Agnès et Horace vont s'épouser; Arnolphe perd tout et quitte la scène.

Arnolphe, personnage comique

Malgré l'antipathie qu'Arnolphe peut susciter, il reste avant tout un personnage comique. Ce sont précisément ses défauts qui provoquent le rire, leur exagération créant une distance entre le personnage et les spectateurs qui interdit la sympathie ou l'identification. On rit donc sans retenue devant les échecs répétés d'Arnolphe ainsi que son humiliation finale.

Si Arnolphe est comique, c'est qu'il est incapable de réagir efficacement aux multiples coups du sort qui s'abattent sur lui. Il est si imbu de sa personne, si persuadé de sa supériorité morale et intellectuelle, qu'il est incapable d'imaginer l'échec du plan qu'il a échafaudé. Il est le type même du petit bourgeois de comédie, victime de sa fatuité. Lorsque son plan «infaillible» se dérègle sous la double action d'Agnès et d'Horace, Arnolphe est incapable d'adopter une attitude constructive : il sombre peu à peu dans le ridicule, car il demeure convaincu d'avoir raison alors que les événements lui donnent tort.

Au fond, Molière se moque d'Arnolphe comme, à toutes les époques, les auteurs comiques se sont moqués des personnages incarnant une autorité injuste ou trop sévère. Le ridicule d'Arnolphe permet au spectateur de rire impunément du pouvoir. Au début de la pièce, Arnolphe se présente comme un tyran domestique : il exige la soumission totale de ses valets et d'Agnès. Quel plaisir, alors, pour les spectateurs que de voir ce tyran de province constamment bafoué, trompé, ridiculisé ! Le rire suscité par Arnolphe est un rire de libération.

Le comique burlesque

Molière ne craint pas d'avoir recours aux procédés habituels de la farce pour égayer sa comédie : gestes, coups de bâton, malentendus, etc. Les personnages d'Alain et de Georgette sont les principaux représentants de cette forme moins noble, mais parfois plus efficace, de comédie. Le dialogue entre Arnolphe et ses valets (ACTE I, SCÈNE 2) en est un bel exemple, tout comme la SCÈNE 4 de l'ACTE IV, dans laquelle Arnolphe se révèle être la victime de ses propres instructions. On peut également songer au passage mettant en scène le notaire (ACTE IV, SCÈNE 2) : les spectateurs assistent alors à un véritable dialogue de sourds à travers lequel Molière se moque, comme il se plaît tant à le faire, des professions libérales de son temps.

LES TROIS UNITÉS : ACTION, TEMPS ET LIEU

Avec *L'École des femmes*, Molière, pour la première fois, s'astreint à respecter la règle classique des trois unités[1]. Il faut y voir la volonté du dramaturge d'élever la comédie au même rang que la tragédie, genre dramatique à l'intérieur duquel le respect de la règle des trois unités allait de soi.

L'unité d'action, la plus logique des trois unités, ne pose pas de problème particulier. Toute l'intrigue de la pièce tend vers le même but : révéler l'absurdité du projet d'Arnolphe en le montrant confronté à des échecs répétés. Cet homme despotique, orgueilleux et sûr de lui se fait ridiculiser par une innocente jeune fille et son amoureux. Les plans échafaudés par Arnolphe se soldent tous à ses dépens,

---

1 Voir le contexte historique, p. 142.

jusqu'à sa défaite finale, soit le mariage d'Agnès à Horace, le rival détesté. Molière avait d'ailleurs exprimé cette idée dans sa *Critique de l'École des femmes* : « Ce qui me paraît plaisant, c'est qu'un homme qui a de l'esprit, et qui est averti de tout par une innocente et par un étourdi, ne puisse avec cela éviter ce qui lui arrive. » L'unité d'action se constate également dans l'évolution des personnages. Tout au long de la pièce, on remarque que le caractère de chacun des personnages principaux se transforme : Arnolphe devient de plus en plus ridicule à mesure qu'il s'aperçoit qu'Agnès aime un autre homme ; Agnès découvre l'amour auprès d'Horace et devient de plus en plus sûre d'elle-même ; Horace, le jeune séducteur un peu frivole, tombe sincèrement amoureux d'Agnès au point de vouloir l'épouser.

L'unité de temps, selon laquelle toute l'intrigue doit se dérouler à l'intérieur de vingt-quatre heures, permet à Molière de resserrer l'action et de donner un mouvement leste et rapide à la pièce. L'action commence le matin et, dès sa première réplique, Arnolphe annonce son intention de se marier « dans demain » (v. 2). Les ACTES I à IV se déroulent durant la même journée, du matin au soir. La nuit sépare les ACTES IV et V, et les événements de la nuit nous sont relatés au début de l'ACTE V. La réplique d'Horace « Cet Enrique, dont *hier* je m'informais à vous » (v. 1634) vient rappeler au spectateur qu'à peine une journée s'est écoulée depuis le début de la pièce. Elle permet aussi à Molière de souligner que l'unité de temps a été respectée selon les conventions classiques.

L'unité de lieu exige, quant à elle, que toute l'intrigue soit située au même endroit. En cela, elle est plus problématique que les autres unités. Tout d'abord, l'auteur doit imaginer un lieu où tous les personnages, quelle que soit leur occupation ou leur condition sociale, pourront se rencontrer. Molière contourne ce problème en situant l'intrigue sur la place publique d'un village. Arnolphe possède deux maisons (v. 143-146) qui donnent sur cette place. Mais cette solution n'est qu'en partie satisfaisante, car elle n'est guère vraisemblable. On peut en effet se demander pourquoi Arnolphe s'adresse à ses domestiques sur la place publique et, surtout, pourquoi il révèle ses sentiments à Agnès en public (ACTE V). L'unité de lieu a aussi comme fâcheuse conséquence de multiplier les monologues narratifs. Plusieurs événements significatifs se déroulent hors de la scène et les personnages sont alors obligés de raconter ces événements afin de faire avancer l'intrigue, comme le fait Horace à la SCÈNE 4 de l'ACTE III, à la SCÈNE 6 de l'ACTE IV et à la SCÈNE 2 de l'ACTE V.

RÉCEPTION DE LA PIÈCE : LA QUERELLE DE *L'ÉCOLE DES FEMMES*

La première de *L'École des femmes* a lieu le 26 décembre 1662. La pièce remporte un très grand succès auprès du public et plaît au roi. La dédicace de la pièce à Madame, belle-sœur de Louis XIV, prouve que Molière avait bonne réputation à la cour. Néanmoins, l'œuvre provoque immédiatement une vive controverse, si vive qu'on l'a surnommée «la querelle de *L'École des femmes*».

Les critiques viennent d'abord du milieu théâtral, c'est-à-dire d'auteurs et de comédiens jaloux du succès de la pièce. Peut-être sont-ils également jaloux de la pension de mille livres que le roi accorde à Molière au printemps de 1663…

Que reproche-t-on à Molière ? Tout d'abord, la vulgarité de certains passages, plus particulièrement l'allusion aux enfants «qu'on fait […] par l'oreille» (ACTE I, SCÈNE 1) ou encore l'équivoque créée par ce dialogue entre Arnolphe et Agnès (ACTE II, SCÈNE 5) :

ARNOLPHE
Ne vous a-t-il point pris, Agnès, quelque autre chose ?
(La voyant interdite.)
Ouf !

AGNÈS

Hé ! il m'a…

ARNOLPHE

Quoi ?

AGNÈS

Pris…

ARNOLPHE

Euh !

AGNÈS

Le…

ARNOLPHE

Plaît-il ?

Les plus délicats, enfin, sont scandalisés par l'image de la tarte à la crème apparaissant dans une réplique d'Arnolphe, à l'ACTE I :

Et s'il faut qu'avec elle on joue au corbillon
Et qu'on vienne à lui dire à son tour : «Qu'y met-on ?»
Je veux qu'elle réponde : «Une tarte à la crème» […]

On voit dans cette allusion une plaisanterie indécente jouant sur l'ambiguïté de la «tarte à la crème» qu'Agnès va mettre dans le «corbillon», sorte de petite corbeille[1].

De plus, on accuse Molière d'avoir plagié d'autres écrivains, notamment Scarron (1610-1660) qui avait publié, en 1655, une nouvelle intitulée *La Précaution inutile*[2]. On

---

1 Cette «tarte à la crème», qui a tant scandalisé les bien-pensants, a été à l'origine d'un incident particulièrement humiliant pour Molière. Après la publication de *La Critique de l'École des femme*, le duc de La Feuillade interpella publiquement Molière et comme ce dernier s'inclinait devant lui, La Feuillade lui empoigna la tête et la frotta contre son pourpoint dont les boutons étaient faits de diamants taillés en pointe. «Tarte à la crème, Molière, tarte à la crème» lui cria-t-il. Lorsque Molière réussit enfin à se dégager, il avait le visage ensanglanté. L'incident défraya la chronique, et même si Louis XIV réprimanda le duc, l'affront resta entier, car Molière, simple bourgeois, ne pouvait exiger réparation du duc, en raison des privilèges de la noblesse.

2 Il faut souligner que de nombreux écrivains ont puisé leur inspiration à même des œuvres existantes. On n'a qu'à songer à Shakespeare dont l'œuvre la plus connue, *Hamlet*, est une adaptation d'une légende danoise.

déplore également le manque d'originalité de l'œuvre, car Molière avait déjà abordé les thèmes du cocuage et du mariage dans ses pièces *Sganarelle ou le Cocu imaginaire* (1660) et *L'École des maris* (1661). Les dévots, pour leur part, sont offensés par le sermon d'Arnolphe à Agnès (ACTE III, SCÈNE 2), estimant que les paroles d'Arnolphe sur les « [...] chaudières bouillantes / Où l'on plonge à jamais les femmes mal vivantes» sont une insulte aux croyances religieuses.

Le 1er juin 1663, la troupe de Molière présente *La Critique de l'École des femmes*, pièce qui répond aux détracteurs de l'auteur et de sa grande comédie. *La Critique* met en scène deux groupes de personnages, incarnant les alliés et les ennemis de Molière, qui, lors d'une soirée mondaine, s'affrontent dans une joute verbale. Aux objections formulées contre *L'École des femmes*, les admirateurs de Molière répliquent point par point. Molière réussit ainsi à dénoncer le ridicule et la mauvaise foi de ses ennemis.

Un jeune auteur, Jean Donneau de Visé, écrit peu après une comédie, *Zélinde ou la Véritable Critique de L'École des femmes*, une pièce médiocre qui ne sera jamais jouée. Puis, le 14 octobre 1663, a lieu la première de *L'Impromptu de Versailles*, pièce commandée par Louis XIV. Dans cette œuvre étonnante de modernité, Molière se représente en pleine répétition avec ses comédiens. Le dramaturge en profite pour régler ses comptes avec ses critiques. La querelle s'envenime et d'autres publications tentent ensuite de répondre à *L'Impromptu de Versailles*. En 1664, une nouvelle controverse, plus violente, éclatera autour du *Tartuffe*, une pièce ayant pour sujet l'hypocrisie des dévots. Louis XIV n'aura d'autre choix que d'en interdire la représentation. La polémique autour du *Tartuffe* fera oublier «la querelle de *L'École des femmes*».

Jugements sur l'œuvre

«En vain mille jaloux esprits,
   Molière, osent avec mépris
   Censurer ton plus bel ouvrage ;
   Sa charmante naïveté
   S'en va pour jamais d'âge en âge
   Divertir la postérité.
   Ta muse avec utilité,
   Dit plaisamment la vérité ;
   Chacun profite à ton École ;
   Tout en est beau, tout en est bon ;
   Et ta plus burlesque parole
   Est souvent un docte sermon.»

Nicolas Boileau, 1663.

«Il n'y a rien de plus scandaleux que la cinquième scène
   du deuxième acte de *L'École des femmes*.»

Le prince de Conti,
Sentiments des Pères de l'Église, 1667.

«Elle passe pour être inférieure en tout à *L'École des
   maris*, et surtout dans le dénouement, qui est aussi
   postiche dans *L'École des femmes* qu'il est bien amené
   dans *L'École des maris*. […] Mais aussi les connaisseurs
   admirent avec quelle adresse Molière avait su attacher
   et plaire pendant cinq actes […] Il semblait qu'un
   sujet ainsi traité ne dût fournir qu'un acte ; mais c'est
   le caractère du vrai génie de répandre sa fécondité sur
   un sujet stérile et de varier ce qui semble uniforme.»

Voltaire, *Vie de Molière*, 1739.

«[…] une pièce de théâtre admirable et qui, avec huit
   ou dix autres ouvrages du même poète, représente ce
   que la comédie, ce que l'art comique a produit de plus
   humain, de plus vrai et de plus libre.»

Henry Becque, *Molière et L'École des femmes*, 1886.

«Le personnage d'Arnolphe, avec celui de Tartuffe, est peut-être le plus difficile de tout le répertoire moliéresque.»

Jacques Copeau, *Molière*, 1936.

«En élargissant le champ de la comédie à la peinture de l'homme et de la société et en lui ouvrant la voie des grands sujets, Molière [...] affirme la dignité et la richesse du genre comique. *L'École des femmes* marque ainsi une date dans son œuvre, mais, plus largement encore, dans l'histoire du théâtre lui-même.»

Jean Serroy, 1985.

«Avec *L'École des femmes* plus qu'ailleurs peut-être, Molière se révèle un grand poète digne de Racine ou de Rabelais.»

Marcel Maréchal, 1986.

La Critique de L'École des femmes.

GRAVURE DE BRISSART ET SAUVÉ, 1682.
Bibliothèque nationale, Paris.

L'Impromptu de Versailles.

GRAVURE DE BRISSARE ET SAUVÉ, 1682.
Bibliothèque nationale, Paris.

※

Plongée

dans
L'ŒUVRE

※

Les Enfarinés.

GRAVURE.
Bibliothèque nationale, Paris.

Questions sur l'œuvre

 ACTE I

Acte i, scène 1

Compréhension

1. Résumez, en vos mots, la conception de la femme qui se dégage des vers 21 à 44.
2. Expliquez la pensée d'Arnolphe exposée dans les vers 83 à 102.
3. Résumez les événements qui sont racontés dans les vers 123 à 154 et dont dépend l'intrigue.
4. Pourquoi Arnolphe veut-il se faire appeler « Monsieur de la Souche » ?

Écriture

5. Quel vers fait allusion aux vingt-quatre heures à l'intérieur desquelles doit être contenue l'action afin que la pièce soit conforme à la règle de l'unité de temps ?
6. Quelle est la fonction de Chrysalde dans cette scène ?
7. Quel effet comique est créé par les deux dernières répliques de cette scène ?

Acte i, scène 2

Compréhension

1. Décrivez les personnages d'Alain et de Georgette.

Écriture

2. Comparez le rythme des répliques de la scène 1 et de la scène 2.
3. Quel type de procédé comique est employé par Molière dans cette scène ?

Acte i, scène 3

Compréhension

1. Décrivez Agnès telle qu'elle se présente lors de sa première apparition.

Acte i, scène 4

Compréhension

1. Comment se fait-il qu'Arnolphe connaisse Horace ?
2. Comment cette scène prépare-t-elle le dénouement final ?
3. Montrez l'hypocrisie d'Arnolphe (v. 291-302).
4. Quel revirement de situation déclenche l'intrigue ?

Écriture

5. Comparez les langages qu'emploient respectivement Arnolphe et Horace pour parler des femmes. Quelles différences remarquez-vous ?
6. À quoi peut-on attribuer le caractère comique du dialogue situé entre les vers 327 et 350 ?

ACTE II

Acte ii, scènes 1 et 2

Compréhension

1. À qui s'adresse le monologue d'Arnolphe à la scène 1 ?
2. Quelle est la fonction de ce monologue ?

Écriture

3. Décrivez l'aspect comique de la scène 2.
4. Analysez le vocabulaire utilisé par Arnolphe : comment décrivez-vous le rapport qu'il entretient avec ses valets ?

Acte ii, scène 3

Compréhension

1. Peut-on dire qu'Alain prend le parti de son maître ?

Écriture

2. On a reproché à Molière la vulgarité de ce dialogue. Trouvez la métaphore qui va à l'encontre de la bienséance.

Acte ii, scènes 4 et 5

Compréhension

1. Qui est le jeune homme évoqué au vers 487 ?
2. Expliquez le caractère comique de la situation décrite par Agnès (v. 484-502).

3. Montrez qu'Arnolphe est la victime de son propre interrogatoire.
4. Résumez les principales étapes de la scène 5, et montrez l'évolution des sentiments des personnages.

Écriture

5. Quels sont les deux sens possibles du mot «malade» (v. 456) ?
6. En quoi le discours de la vieille dame est-il un modèle de ruse et d'habileté ?
7. Nommez et expliquez la figure de style apparaissant aux vers 521 et 522.

 ACTE III

Acte iii, scène 1

Compréhension

1. Pourquoi Arnolphe est-il heureux au début de la scène ?
2. De quel contrat parle Arnolphe au vers 672 ?

Écriture

3. Identifiez, dans le discours d'Arnolphe, deux métaphores d'inspiration religieuse et expliquez-les.

Acte iii, scène 2

Compréhension

1. Quelles sont les trois étapes du discours d'Arnolphe ?
2. Quels passages montrent la fatuité d'Arnolphe ?
3. Résumez, en vos mots, *Les Maximes du mariage*.
4. Que peut-on reprocher à ces maximes ?

Écriture

5. Montrez la misogynie dont est empreint le vocabulaire employé par Arnolphe dans son monologue (v. 675-745).
6. Trouvez une gradation entre les vers 705 et 715 et reliez-la au propos général de la scène 2.
7. Trouvez deux antithèses entre les vers 730 et 738. En quoi ces antithèses sont-elles révélatrices de l'étroitesse d'esprit d'Arnolphe ?

Acte iii, scène 3

Compréhension

1. En quoi ce monologue est-il à l'image de la personnalité d'Arnolphe ?

Écriture

2. Relevez les termes qu'Arnolphe emploie pour décrire les femmes. Quelle image de la femme en émerge ?
3. Trouvez une comparaison, entre les vers 808 à 819, et expliquez-la.

Acte iii, scène 4

Compréhension

1. Résumez les événements racontés par Horace.
2. Arnolphe perd la face pour la seconde fois. Comment ?
3. Quel est le stratagème employé par Agnès pour déjouer Arnolphe ?
4. Comparez l'attitude d'Arnolphe (v. 960-975) envers Horace à celle qu'il avait adoptée envers lui à la scène 3 de l'acte i.
5. Qu'est-il arrivé au personnage de la vieille dame ?

Écriture

6. Relevez les antithèses se trouvant dans la réplique d'Horace, aux vers 893 à 926.
7. Montrez que l'écriture de la lettre d'Agnès prouve la pureté de ses pensées et le peu d'effets qu'ont eu sur elle les sermons d'Arnolphe.
8. Qu'est-ce qui s'avère comique dans l'énumération apparaissant aux vers 958 et 959 ?

Acte iii, scène 5

Compréhension

1. Quel sentiment Arnolphe déclare-t-il pour la première fois ?
2. Montrez la présence de la religion dans ce monologue.

Écriture

3. Relevez tous les verbes qui décrivent les sentiments d'Arnolphe. Qu'ont-ils en commun ?

ACTE IV

ACTE IV, SCÈNE 1

Compréhension

1. Montrez que cette tirade révèle la mesquinerie d'Arnolphe.

Écriture

2. Relevez quelques passages dans lesquels le vocabulaire employé montre les sentiments contradictoires qui agitent Arnolphe.

ACTE IV, SCÈNES 2 ET 3

Compréhension

1. Décrivez l'état d'esprit dans lequel se trouve Arnolphe durant la SCÈNE 2. Quel changement s'est-il produit depuis le début de la pièce ?

2. Qu'est-ce qui est ridicule dans l'attitude du notaire ?

Écriture

3. La nature comique de la SCÈNE 2 repose-t-elle davantage sur le langage ou sur le comportement des personnages ? Pourquoi ?

4. Expliquez l'ironie qui colore la réplique de Georgette (v. 1091).

ACTE IV, SCÈNE 4

Compréhension

1. Décrivez les personnages d'Alain et de Georgette au terme de cette scène.

Écriture

2. En quoi les gestes et les paroles des valets sont-ils comiques ?

ACTE IV, SCÈNES 5 ET 6

Compréhension

1. Montrez que le discours d'Arnolphe, à l'ACTE IV, révèle son insécurité croissante.

2. Résumez brièvement les événements décrits dans la tirade d'Horace, à la SCÈNE 6.

3. Qu'apprend-on sur le personnage d'Arnolphe dans cette tirade ?

Écriture

4. Dans la SCÈNE 6, relevez les mots ou expressions dépréciatifs désignant Arnolphe. Expliquez leur fonction comique.

5. Selon vous, pourquoi Molière ne donne-t-il pas la parole à Arnolphe dans la SCÈNE 6 ?

Acte IV, scène 7

Compréhension

1. Montrez que le monologue d'Arnolphe est un constat d'échec.

Écriture

2. Relevez les expressions péjoratives désignant Horace.

3. À quels mots ou expressions s'opposent ces expressions péjoratives ? Décrivez l'ironie créée par cette antithèse.

ACTE IV, SCÈNE 8

Compréhension

1. Comparez cette scène à la SCÈNE 1 de l'ACTE I. Les opinions d'Arnolphe ont-elles changé ?

2. Résumez la pensée de Chrysalde exprimée dans sa tirade (v. 1228-1275).

3. Décrivez l'attitude d'Arnolphe envers Chrysalde.

Écriture

4. Quels passages montrent que Chrysalde représente «l'honnête homme» partisan de la modération ?

5. Relevez un oxymore, dans la réplique de Chrysalde (v. 1288-1305), et expliquez-le.

ACTE IV, SCÈNE 9

Compréhension

1. Expliquez le plan conçu par Arnolphe contre Horace.

ACTE V

ACTE V, SCÈNES 1 ET 2

Compréhension

1. Expliquez l'état de panique dans lequel se trouve Arnolphe au début de la SCÈNE 1.

2. Expliquez le sens de la réplique d'Arnolphe se trouvant aux vers 1370 et 1371.

3. Résumez les événements décrits dans les vers 1372 à 1414.

4. Quel passage de la tirade d'Horace (v. 1372-1435) montre la sincérité des sentiments qu'il éprouve pour Agnès ?

5. Qu'est-ce qui prouve que la personnalité d'Agnès a profondément changé depuis le début de la pièce ?

6. Quel service Horace demande-t-il à Arnolphe de lui rendre ?

Écriture

7. Relevez les mots qui renvoient au champ lexical de l'amour dans la tirade d'Horace (v. 1372-1435).

ACTE V, SCÈNE 3

Compréhension

1. Montrez l'importance de la gestuelle dans cette scène.

Écriture

2. Quel est le ton dominant dans le dialogue entre Agnès et Horace ?

ACTE V, SCÈNE 4

Compréhension

1. Comment Agnès justifie-t-elle sa préférence pour Horace ?

2. Comparez la personnalité que révèle Agnès durant cette scène à l'attitude qu'avait ce personnage à l'ACTE I.

3. En quoi le discours d'Arnolphe (v. 1489-1505) est-il un constat d'échec ?

4. Quelle est la menace proférée par Arnolphe à la fin de la scène ?

Écriture

5. Comment s'exprime la jalousie d'Arnolphe (v. 1487-1505) ?

6. Identifiez la métaphore apparaissant aux vers 1500 à 1505 et expliquez-la.

7. En quoi le vocabulaire employé aux vers 1590 à 1600 montre-t-il le caractère possessif d'Arnolphe ?

ACTE V, SCÈNES 5 ET 6

Compréhension

1. Quel est le projet que fomente Arnolphe à la SCÈNE 5 ?
2. Quelle mauvaise nouvelle Horace vient-il d'apprendre ?
3. Quel service Horace demande-t-il à Arnolphe de lui rendre ?

Écriture

4. Expliquez l'humour se trouvant dans la réplique d'Alain
   (v. 1612-1613).
5. Dans la réplique d'Horace (v. 1622-1645), quels mots
   soulignent l'intensité du désespoir du jeune homme ?

ACTE V, SCÈNE 7

Compréhension

1. Expliquez le sens des vers 1652 à 1663.
2. Montrez que, dans cette scène, Arnolphe et Chrysalde ont
   encore une fois des points de vue opposés.
3. Quelle réplique de Chrysalde vient révéler le malentendu dont
   Horace a été victime ?

Écriture

4. Relevez une périphrase, dans la réplique d'Enrique
   (v. 1652-1667), et expliquez ce qu'elle désigne.

ACTE V, SCÈNES 8 ET 9

Compréhension

1. Analysez le comportement d'Agnès tel que décrit par
   Georgette à la SCÈNE 8 et tel que la jeune fille en fait la
   démonstration par la suite.
2. À qui s'adresse Arnolphe au vers 1711 ?
3. Résumez le dénouement exposé par Chrysalde et Oronte
   (v. 1740-1759).
4. Selon vous, pourquoi a-t-on critiqué le dénouement de
   la pièce ?

Écriture

5. Expliquez le sarcasme se trouvant dans les vers 1762 et 1763.
6. Qu'est-ce que les deux dernières répliques d'Arnolphe
   expriment ?

Extrait 1

Compréhension

1. Quelle est la stratégie adoptée par Arnolphe pour questionner Agnès (v. 467-473) ?

2. Qui est le jeune homme évoqué au vers 487 ?

3. Expliquez la nature comique de la situation décrite par Agnès (v. 484-502).

4. Quelle expression emploie Agnès pour décrire le jeune homme ? Est-ce seulement par naïveté qu'Agnès exprime tant d'admiration ?

5. Expliquez les deux sens possibles du mot «blessé» (v. 509). Quel est le sens compris par Agnès ?

6. Décrivez la stratégie employée par la vieille dame pour amener Agnès à recevoir le jeune homme.

7. Quelles répliques d'Arnolphe montrent qu'il est victime de l'éducation qu'il a fait donner à Agnès ? À qui s'adressent ces répliques ?

8. Pourquoi les contemporains de Molière ont-ils été scandalisés par le dialogue entre Arnolphe et Agnès se trouvant aux vers 571 à 577 ?

9. Expliquez le malentendu causé par le verbe «marier» à partir du vers 610. Qu'a compris Agnès des paroles d'Arnolphe ? Comment, pour sa part, Arnolphe interprète-t-il la réaction d'Agnès ?

10. Quelle réplique d'Agnès vient mettre fin à ce malentendu ?

11. Expliquez ce qui s'avère comique dans les vers 618 et 619.

12. Comment expliquer qu'Arnolphe ne communique pas clairement à Agnès son intention de l'épouser ?

13. En quoi les trois dernières répliques d'Arnolphe trahissent-elles sa véritable personnalité ?

14. Divisez cet extrait en trois parties, et résumez brièvement chacune d'entre elles.

Écriture

15. Qu'est-ce qui caractérise les répliques des personnages entre les vers 459 et 466 ? Étudiez le contenu et le rythme.

16. Relevez, dans les paroles de la vieille dame (v. 505-510 et 513-532), les mots empruntés aux champs lexicaux de la souffrance et de la mort. Pourquoi le recours à ces champs lexicaux prend-il ici un sens comique ?

17. Nommez et expliquez la figure de style apparaissant aux vers 521 et 522.

18. Qu'est-ce qui caractérise le vocabulaire employé par Agnès pour décrire ses sentiments (v. 559-564) ? Expliquez le contraste ironique existant entre cette réplique et celle d'Arnolphe (v. 565-566).

19. Comparez les répliques d'Arnolphe à celles d'Agnès (v. 594-606). Quelle opposition remarquez-vous ? En quoi cette opposition est-elle un reflet de la personnalité de chacun des personnages ?

20. Décrivez le changement de ton apparaissant dans les paroles d'Arnolphe à partir du vers 627.

VERS L'ANALYSE LITTÉRAIRE

Montrez que, dans cet extrait, Arnolphe est victime de la naïveté d'Agnès.

Extrait 2

Acte iii, scène 2, vers 675 à 738

Compréhension

1. Situez l'extrait étudié par rapport à l'ensemble de l'œuvre.
2. Résumez, en vos mots, la teneur du discours d'Arnolphe.
3. Quelles sont les trois étapes de ce discours ? Identifiez ces étapes en vous servant de la numérotation des vers.
4. Quels passages montrent la fatuité d'Arnolphe ?
5. Expliquez le sens des vers 693 et 694, et montrez en quoi ils illustrent l'égoïsme du personnage.
6. Quelles sont les images qui décrivent l'enfer ? Pourquoi sont-elles comiques ?
7. Identifiez tous les termes ou expressions qui décrivent les femmes : quelle image de la femme se dégage de ces termes ?
8. Selon vous, en quoi cette tirade prépare-t-elle le dialogue entre Arnolphe et Agnès qui se trouve à l'acte v, scène 4 ?

Écriture

9. Expliquez l'impression créée par l'emploi du mode impératif dans les vers 675 à 678.
10. Identifiez tous les verbes qui expriment les ordres qu'Arnolphe donne à Agnès.
11. Relevez, dans les vers 681 à 690, tous les termes dépréciatifs et mélioratifs. En quoi sont-ils révélateurs de la pensée d'Arnolphe ?
12. Trouvez une métonymie entre les vers 695 et 705 et expliquez-la.
13. Trouvez une gradation entre les vers 705 et 715 et reliez-la au propos général de l'extrait.
14. Identifiez toutes les antithèses se trouvant entre les vers 701 et 710, et expliquez en quoi elles servent le thème de l'extrait.
15. Relevez les mots empruntés au champ lexical de la religion. Pourquoi peut-on affirmer qu'Arnolphe se sert des croyances religieuses de ses interlocuteurs pour soutenir ses idées ?
16. Quels sont les mots qui renvoient au champ lexical du devoir et de l'obéissance ? Quelle image du mariage émerge de ces termes ?

17. Trouvez deux antithèses entre les vers 730 et 738. En quoi ces antithèses illustrent-elles l'étroitesse d'esprit d'Arnolphe ?
18. Quel est le ton général qui caractérise cet extrait ?

VERS L'ANALYSE LITTÉRAIRE

Faites l'analyse de cet extrait en montrant comment le discours d'Arnolphe, tout en dévoilant la fatuité et la misogynie qui habitent ce personnage, donne une image triste et austère du mariage.

Extrait 3

Acte IV, scène 7, vers 1182 à 1215

Compréhension

1. Situez l'extrait étudié par rapport à l'ensemble de l'œuvre.
2. Résumez, en vos mots, le contenu de cette tirade.
3. Étudiez l'énonciation : qui parle ? à qui s'adresse ce discours ?
4. Que s'est-il passé dans la scène précédente qui explique le discours d'Arnolphe ?
5. Pourquoi Arnolphe préfère-t-il blâmer le destin ?
6. Relevez tous les termes qui réfèrent au cocuage. En quoi reflètent-ils la peur maladive d'Arnolphe d'être cocu ?
7. Expliquez en quoi les vers 1208 et 1209 montrent la mesquinerie d'Arnolphe.
8. En quoi la conclusion de cette tirade montre-t-elle la bassesse du personnage ?
9. En quoi cette tirade est-elle un constat d'échec ?

Écriture

10. Relevez tous les mots qui réfèrent à l'idée de destin.
11. Quels termes sont employés pour décrire Agnès et Horace ? Quelle connotation ont-ils en commun ?
12. Montrez qu'Arnolphe, malgré ses mésaventures, demeure vaniteux. Portez une attention particulière au vocabulaire.
13. En quoi la ponctuation suggère-t-elle l'agitation d'Arnolphe ?
14. Relevez et expliquez les personnifications se trouvant dans cet extrait.
15. Expliquez la dénotation et la connotation du mot «objet» apparaissant au vers 1207.
16. Relevez les termes empruntés au champ lexical de la sagesse et de l'intelligence. En quoi prennent-ils ici une connotation ironique ?

VERS L'ANALYSE LITTÉRAIRE

Montrez que cette tirade révèle la fatuité d'Arnolphe, tout en étant, ironiquement, un constat d'échec.

Extrait 4

Acte v, scène 4, vers 1489 à 1611

Compréhension

1. Expliquez le sens du vers 1489 : quel coup de théâtre vient tout juste de se produire ?

2. Divisez cet extrait en trois parties et résumez, en quelques phrases, le propos de chacune d'elles.

3. Quelles répliques d'Agnès font allusion aux actions passées d'Arnolphe ? Montrez que ce dernier est victime de ses propres idées.

4. En quoi le discours d'Arnolphe (v. 1489-1505) est-il un constat d'échec ?

5. Quels passages montrent la franchise d'Agnès ?

6. Quels passages montrent l'égoïsme et la mesquinerie d'Arnolphe ?

7. En quoi le vers 1537 prouve-t-il qu'Arnolphe ne comprend rien à l'amour ?

8. Expliquez le sens du vers 1542.

9. En quoi le vers 1547 résume-t-il bien le personnage d'Arnolphe ?

10. Comment évolue le discours d'Arnolphe aux vers 1550 à 1567 ?

11. Comparez les propos tenus par Agnès dans les vers 1554 à 1559 à ceux qu'elle tenait aux ACTES I et II.

12. En quoi la réplique d'Agnès, aux vers 1584 et 1585, nous permet-elle de bien comprendre le personnage ?

13. Quelle réplique d'Arnolphe, entre les vers 1590 et 1600, nous fait douter de sa sincérité ?

14. Quelle expression, située entre les vers 1599 et 1611, montre qu'Arnolphe reste méprisant à l'égard d'Agnès, en dépit de ses beaux discours ?

15. Montrez que, dans cette scène, Agnès a l'avantage sur Arnolphe.

Écriture

16. Étudiez le vocabulaire employé par les personnages. Relevez, pour chacun d'entre eux, un champ lexical particulier duquel ils s'inspirent.

17. En quoi le vocabulaire employé illustre-t-il l'opposition existant entre ces deux personnages ?

18. Relevez tous les termes dépréciatifs employés par Arnolphe dans sa première réplique. En quoi ces termes peuvent-ils expliquer l'attitude d'Agnès ?

19. Trouvez une métaphore entre les vers 1500 et 1505 et expliquez-la.

20. Quelles connotations peut-on donner au mot «prendre» (v. 1512) ?

21. Dans les vers 1541 à 1547, relevez tous les termes qui font allusion à l'intelligence d'Agnès. Quelle connotation prennent-ils dans la bouche d'Arnolphe ?

22. Étudiez le vocabulaire employé par Arnolphe dans sa réplique apparaissant aux vers 1572 à 1579. Quelle contradiction peut-on observer entre le propos et les mots choisis pour l'exprimer ?

23. En quoi le vocabulaire utilisé, dans les vers 1590 à 1600, montre-t-il le caractère possessif d'Arnolphe ?

VERS L'ANALYSE LITTÉRAIRE

Faites l'analyse de cet extrait en montrant que le fond et la forme révèlent la véritable nature de chacun des personnages.

Le Théâtre du Palais-Royal, à droite,
où fut jouée *L'École des Femmes* en 1662.

Cabinet des Estampes, Paris.

Annexes

TABLEAU CHRONOLOGIQUE		
	ÉVÉNEMENTS HISTORIQUES EN FRANCE	VIE ET ŒUVRE DE MOLIÈRE
1608		
1609		
1610	Assassinat d'Henri IV, roi de France depuis 1589. Régence de la reine Marie de Médicis.	
1611		
1617	Fin de la régence de Marie de Médicis. Louis XIII devient roi de France.	
1618	Début de la guerre de Trente Ans.	
1621		
1622		Naissance de Jean-Baptiste Poquelin (Molière), à Paris.
1623	Richelieu est nommé cardinal.	
1624	Richelieu devient ministre du roi.	
1627		
1629		
1631		
1632		Mort de la mère de Jean-Baptiste Poquelin.
1633		Jean-Baptiste Poquelin étudie chez les jésuites.
1635	La France s'engage dans la guerre de Trente Ans.	

TABLEAU CHRONOLOGIQUE

ÉVÉNEMENTS CULTURELS ET LITTÉRAIRES EN FRANCE	ÉVÉNEMENTS HISTORIQUES ET CULTURELS HORS DE FRANCE	
	Fondation de Québec.	1608
	Galilée construit son télescope.	1609
	Miguel de Cervantès, *Don Quichotte*.	1610
	Début des missions des jésuites en Nouvelle-France.	1611
		1617
		1618
Naissance de Jean de La Fontaine, auteur des *Fables*.		1621
		1622
Naissance de Blaise Pascal, philosophe, écrivain et homme de science.	Mort de l'écrivain anglais William Shakespeare.	1623
Théophile de Viau, *Œuvres poétiques*.		1624
Naissance de Jacques Bénigne Bossuet, écrivain.		1627
Pierre Corneille, *Mélite*.	Galilée, *Les Lois du mouvement des astres*.	1629
	Pedro Calderon, *La Vie est un songe*.	1631
	Rembrandt peint *Leçon d'anatomie du docteur Tulp*.	1632
	L'Inquisition oblige Galilée à affirmer que la Terre ne tourne pas autour du Soleil.	1633
Fondation de l'Académie française par le cardinal de Richelieu.	Fondation du Collège de Québec par les jésuites.	1635

TABLEAU CHRONOLOGIQUE

	ÉVÉNEMENTS HISTORIQUES EN FRANCE	VIE ET ŒUVRE DE MOLIÈRE
1636		
1637		
1638	Naissance de Louis XIV.	
1639		
1640		
1642	Mort de Richelieu.	
1643	Mort de Louis XIII. Régence de la reine Anne d'Autriche et de Mazarin.	Jean-Baptiste Poquelin fonde l'Illustre-Théâtre avec Madeleine Béjart.
1644		Jean-Baptiste Poquelin adopte le surnom de «Molière».
1645		Molière part en tournée avec sa troupe.
1648	Fin de la guerre de Trente Ans. Début de la Fronde : les nobles réclament plus de pouvoir.	
1649	Querelle entre les jansénistes et les jésuites.	
1650		
1653	Fin de la Fronde : les nobles perdent tout pouvoir politique.	
1654		*L'Étourdi.*
1656		*Le Dépit amoureux.*
1658		Molière et sa troupe reviennent à Paris. La troupe obtient le parrainage de Monsieur, frère du roi.
1659		*Les Précieuses ridicules.*

TABLEAU CHRONOLOGIQUE

ÉVÉNEMENTS CULTURELS ET LITTÉRAIRES EN FRANCE	ÉVÉNEMENTS HISTORIQUES ET CULTURELS HORS DE FRANCE	
Corneille, *Le Cid*.		1636
Querelle autour du *Cid*. René Descartes, *Discours de la méthode*.		1637
		1638
Naissance de Jean Racine, dramaturge.		1639
Corneille, *Horace*.		1640
Corneille, *Polyeucte*.	Fondation de Ville-Marie (Montréal).	1642
		1643
		1644
		1645
Fondation de l'Académie royale de peinture et de sculpture.		1486
		1649
Pascal invente la machine arithmétique.		150
		1653
		1654
Pascal, *Les Provinciales*, un ouvrage d'inspiration janséniste.		1656
		1658
Corneille, *Œdipe*.		1659

TABLEAU CHRONOLOGIQUE

	ÉVÉNEMENTS HISTORIQUES EN FRANCE	VIE ET ŒUVRE DE MOLIÈRE
1660	Mariage de Louis XIV avec Marie-Thérèse d'Autriche.	*Sganarelle.*
1661	Mort de Mazarin. Fin de la régence d'Anne d'Autriche. Début du règne de Louis XIV.	*Don Garcie de Navarre. L'École des maris. Les Fâcheux.*
1662	Jean-Baptiste Colbert est nommé ministre du roi.	Molière épouse Armande Béjart. *L'École des femmes.*
1663		Querelle de *L'École des femmes. La Critique de l'École des femmes. L'Impromptu de Versailles.*
1664	Disgrâce des jansénistes ; les religieuses sont expulsées de Port-Royal.	Les représentations du *Tartuffe* sont interdites par le roi.
1665		La troupe de Molière devient la Troupe du Roi. Séparation de Molière et Armande Béjart. *Dom Juan.*
1666	Mort d'Anne d'Autriche, mère de Louis XIV.	*Le Misanthrope. Le Médecin malgré lui.*
1667		
1668		*L'Avare. Amphitryon. George Dandin.*
1669		*Le Tartuffe* est représentée pour la première fois. *Monsieur de Pourceaugnac.*
1670		*Le Bourgeois gentilhomme.*
1671		*Psyché. Les Fourberies de Scapin. La Comtesse d'Escarbagnas.*

TABLEAU CHRONOLOGIQUE

ÉVÉNEMENTS CULTURELS ET LITTÉRAIRES EN FRANCE	ÉVÉNEMENTS HISTORIQUES ET CULTURELS HORS DE FRANCE	
Louis XIV fait brûler *Les Provinciales* de Pascal.		1660
Début de la construction du château de Versailles.		1661
André Le Nôtre dessine les plans du parc de Versailles. La Rochefoucauld, *Mémoires.* Pascal, *Pensées.*		1662
	Fondation du Séminaire de Québec.	1663
La Rochefoucauld, *Les Maximes.*		1664
La Fontaine, *Contes et nouvelles.*		1665
		1666
Racine, *Andromaque.* Fondation de l'Observatoire de Paris.	John Milton, *Le Paradis perdu.*	1667
La Fontaine, *Fables* (premier livre). Racine, *Les Plaideurs.*		1668
Racine, *Britannicus.*	Mort du peintre Rembrandt.	1669
Racine, *Bérénice.*		1670
		1671

	TABLEAU CHRONOLOGIQUE	
	ÉVÉNEMENTS HISTORIQUES EN FRANCE	VIE ET ŒUVRE DE MOLIÈRE
1672	La cour de Louis XIV s'installe à Versailles. Début de la guerre contre la Hollande.	*Les Femmes savantes.* Mort de Madeleine Béjart.
1673		*Le Malade imaginaire.* Molière meurt après la quatrième représentation de sa pièce.
1674		
1677		
1678	Fin de la guerre contre la Hollande. La puissance politique de la France atteint son apogée, mais le pays est ruiné par les guerres et les dépenses militaires.	
1681		
1683	Mort de la reine Marie-Thérèse d'Autriche. Louis XIV épouse, en secret, sa maîtresse, Madame de Maintenon.	
1684		
1685	Révocation de l'édit de Nantes : la religion protestante est interdite.	
1687		
1689		
1691		
1694		
1695		
1696		
1697		

TABLEAU CHRONOLOGIQUE		
ÉVÉNEMENTS CULTURELS ET LITTÉRAIRES EN FRANCE	**ÉVÉNEMENTS HISTORIQUES ET CULTURELS HORS DE FRANCE**	
Racine, *Bajazet*. Fondation de l'Académie royale de musique.	Découverte du Mississippi par Louis Joliet et le père Jacques Marquette.	1672
Racine, *Mithridate*.		1673
Nicolas Boileau, *L'Art poétique*. Corneille, *Suréna*.		1674
Racine, *Phèdre*.		1677
La Fontaine, *Fables* (deuxième livre). Madame de La Fayette, *La Princesse de Clèves*.		1678
Bossuet, *Discours sur l'histoire universelle*.		1681
		1683
Mort de Corneille.		1684
		1685
François de Fénélon, *Traité de l'éducation des filles*.	Isaac Newton, *Principes mathématiques de la philosophie naturelle*.	1687
Racine, *Esther*.		1689
Racine, *Athalie*.		1691
La Fontaine, *Fables* (troisième livre). Naissance de Voltaire, écrivain et philosophe.		1694
Mort de La Fontaine.		1695
Mort de Jean de La Bruyère, écrivain.		1696
Charles Perrault, *Contes de ma mère l'Oye*.		1697

TABLEAU CHRONOLOGIQUE		
	ÉVÉNEMENTS HISTORIQUES EN FRANCE	VIE ET ŒUVRE DE MOLIÈRE
1699		
1700	Dernière époque du règne de Louis XIV. Climat de morosité en France.	
1701	Guerre de la Succession d'Espagne.	
1707	Denis Papin construit un bateau à vapeur.	
1708		
1709	Grande famine.	
1710		
1711	Destruction du monastère janséniste de Port-Royal.	
1713	Paix d'Utrecht : fin de la guerre de la Succession d'Espagne. La France est figée dans l'immobilisme.	
1715	Mort de Louis XIV.	

TABLEAU CHRONOLOGIQUE

ÉVÉNEMENTS CULTURELS ET LITTÉRAIRES EN FRANCE	ÉVÉNEMENTS HISTORIQUES ET CULTURELS HORS DE FRANCE	
Mort de Racine.		1699
		1700
		1701
		1707
Jean-François Régnard, *Le Légataire universel*.		1708
Alain René Lesage, *Turcaret*.		1709
	Gottfried Wilhelm Leibniz, *Essais de Théodicée*. Jean-Sébastien Bach crée ses œuvres pour orgue.	1710
		1711
		1713
		1715

Lexique du théâtre

N.B. : Les mots suivis d'un astérisque sont définis ailleurs dans ce lexique.

Acte : partie d'une pièce de théâtre qui correspond à une étape importante de l'intrigue*.

Action : série d'événements qui créent l'intrigue* d'une pièce, d'un roman, etc. L'unité* d'action stipule qu'une tragédie* ou une comédie* ne doit comporter qu'une seule intrigue.

Alexandrin : vers de douze syllabes.

Aparté : brève réplique qu'un personnage prononce de façon à être entendu des spectateurs, mais sans que les autres personnages sur scène* soient censés entendre.

Baroque : courant artistique des XVIe et XVIIe siècles qui se distingue par le non respect des règles, la variété des tons et des formes ainsi que par sa tendance à la démesure.

Bienséance : à l'époque classique, ensemble des interdits que le dramaturge* devait respecter afin de ne pas choquer le public.

Classicisme : courant artistique des XVIIe et XVIIIe siècles qui se caractérise par un idéal d'équilibre et de mesure, par le respect des règles de la bienséance* et des trois unités*.

Comédie : pièce dont l'objectif est de divertir en représentant les travers et les divers aspects ridicules des caractères et des mœurs.

Commedia dell'arte : type de comédie* d'origine italienne, dont le texte est improvisé par les acteurs à partir d'un canevas.

Dénouement : partie finale d'une pièce de théâtre dans laquelle l'action* se termine. Pour les tenants du classicisme*, le dénouement doit être surprenant, vraisemblable* et complet, c'est-à-dire nous renseigner sur le sort qui attend chacun des personnages.

Dialogue : ensemble des paroles qu'échangent les personnages d'une pièce de théâtre.

Didascalie : indication fournie par l'auteur et portant sur le jeu des comédiens et la mise en scène.

Dramaturge : auteur d'une pièce de théâtre.

Farce : type de comédie* dans lequel on utilise des procédés comiques élémentaires et grossiers.

Imbroglio : complication extrême de l'intrigue* d'une pièce qui fait perdre aux personnages la vision claire qu'ils avaient des événements.

Intrigue : série de faits et d'actions* qui, s'enchaînant de manière logique, créent l'histoire d'une pièce de théâtre.

Lieu : l'unité* de lieu exige, afin de respecter les règles de la vraisem-blance* et de l'unité de temps*, que les personnages ne se trouvent que dans les lieux qu'il est possible d'atteindre en une seule journée. Les pièces classiques se limitent à un seul lieu.

Monologue : scène* où un personnage est seul et ne parle que pour lui-même et les spectateurs.

Protagoniste : personnage principal d'une pièce de théâtre. Il peut y avoir plus d'un protagoniste dans une même pièce.

Réplique : ce qu'un personnage répond à un autre personnage qui vient de lui parler.

Scène : 1) lieu physique où évoluent les comédiens ; 2) partie d'un acte*.

Temps : l'unité* de temps fixe la durée maximale de l'intrigue* à vingt-quatre heures, soit une journée complète.

Tirade : longue réplique*.

Tragédie : pièce dont l'action* met en scène des personnages hors du commun, aux prises avec des conflits exceptionnels et des destinées funestes.

Unité* : la règle des trois unités du théâtre classique exige que la tragédie* et la comédie* respectent les unités d'action*, de temps* et de lieu*.

Vraisemblance : caractère de ce qui est vraisemblable, de ce qui a les apparences de la vérité, de ce qui est crédible.

Glossaire de l'œuvre

appas : attraits (v. 185, 838, 995 et 1418).

badinage : plaisanterie (v. 695 et 925).

benêt : naïf, niais (v. 41 et 1114).

bien : argent, possessions, fortune (v. 25, 128, 180, 249, 270, 282, 1053, 1074, 1076, 1294 et 1314).

blondin : jeune homme élégant (v. 596, 645, 722, 1208 et 1561).

bravade : offense (v. 1313 et 1565).

cadeau : réception, repas (v. 800 et 1257).

caquet : bavardage (v. 365 et 834).

cassette : coffret (v. 555 et 595).

chagrin : soucieux (v. 349 et 446) ; soucis, inquiétude (v. 413, 843, 1221 et 1264).

civil, civilité : poli, politesse (v. 279, 489, 502 et 907).

commerce : fréquentation, contact (v. 320, 366, 632 et 863).

confidence : aveu (v. 36, 368 et 1433).

coup : projet, entreprise (v. 8 et 970).

courroux, courroucer : colère (v. 426, 1318, 1342 et 1607) ; fâcher (v. 602 et 603).

crime : péché, faute morale (v. 610, 825 et 952).

damoiseau : terme péjoratif décrivant un jeune homme coquet (v. 33, 378 et 651).

dessein : projet (v. 6, 53, 350, 660, 947, 1111, 1196, 1502, 1608 et 1718).

diantre : expression exclamative (v. 419, 576, 864, 882 et 1498).

douaire, douer : biens du mari qui reviennent à sa femme lorsqu'il meurt (v. 1053 et 1064) ; fixer le douaire (v. 1057 et 1062).

effet : conséquence (v. 589 et 905).

encor : encore (v. 63, 66, 158, 188, 265, 268, 288, 300, 465, 606, 657, 661, 709, 934, 1207, 1491 et 1671).

ennui : angoisse (v. 375) ; embêtement (v. 446) ; déplaisir (v. 501 et 1166) ; embarras (v. 780 et 1714).

en peine : inquiet, qui éprouve de la difficulté à faire quelque chose (voir la lettre à Madame, p. 9 ; la lettre d'Agnès entre les vers 947 et 948 ; ainsi que les vers 162 et 1458).

éventé : écervelé (v. 841 et 1187).

feu : amour, sentiment violent, passion (peut également s'employer au pluriel) (v. 927, 1426, 1433, 1445 et 1647).

fortune : aventure amoureuse (v. 300 et 836) ; destin (v. 860 et 1456).

gaillard : d'humeur à plaisanter, grivois (v. 261 et 306).

galant : jeune homme qui courtise les femmes mariées (v. 35, 38, 292, 591, 1102, 1210, 1227, 1245, 1254, 1262, 1350, 1489, 1495, 1500, 1508 et 1720).

grès : pierre (v. 635, 879, 880, 892, 914 et 928).

heur : bonheur (v. 680 et 1180).

heurter : frapper à la porte (v. 199 et 635).

hors : sauf (v. 236, 770, 1125 et 1466).

hymen : mariage (v. 616, 1219, 1655, 1676 et 1740).

impudent : effronté (v. 1114 et 1533).

instruction : conseil, enseignement (v. 448 et 649).

intelligence : complicité (v. 380, 888 et 1184).

las ! : hélas ! (v. 639 et 1518).

libertin : volage, dévergondé (v. 698 et 990).

moitié : épouse (v. 83 et 126).

nœud : mariage (v. 690 et 1680).

obliger : plaire, faire plaisir (v. 186, 285 et 1063).

office : devoir (v. 740 et 743).

ordre : règle (v. 1057 et 1058).

pâtir : souffrir (v. 406 et 987).

point de bruit : ne plus parler (v. 640 et 1330).

politique : principe (v. 136 et 787).

pouvoir : possible (v. 278 et 1550).

si fait : bien sûr (v. 227, 251 et 574).

simple, simplicité : innocent, naïf, innocence, naïveté (v. 148, 159, 319, 817, 899 et 1492).

soin : attention particulière que l'on porte à quelqu'un ou à quelque chose (v. 14, 38, 137, 191, 313, 657, 757, 764, 950, 1131, 1185, 1190, 1310 et 1748) ; dépenses (v. 997, 1553 et 1778).

souffrir, souffrance : tolérer, tolérance (v. 53, 54, 67, 189, 395, 471, 1227 et 1680).

sous main : en cachette (v. 62 et 1138).

tôt : vite (v. 401 et 1122).

tout de bon : pour vrai (v. 513, 621, 636 et 1390).

trame : intrigue (v. 75 et 536).

transport, transporté : vive émotion, sous le coup d'une vive émotion (v. 1018, 1407, 1756, didascalie ACTE V SCÈNE 9 et v. 1774).

vilaine : femme qui ment, qui trompe son mari (v. 719 et 1541).

Bibliographie

BECQUE, Henry. *Molière et L'École des femmes : conférence*, Cergy, Presse de l'Imprimerie Seprint, 1988, 42 p.

BROOME, Jack Howard. *Molière, L'École des femmes and Le Misanthrope*, London, Grant & Cutler, 1982, 83 p.

BUTIN, Jean. *L'École des femmes : analyse critique*, Paris, Hatier, 1984, 79 p.

DUCHÊNE, Roger. *Molière*, Paris, Fayard, 1998, 789 p.

DULONG, Claude. *La vie quotidienne des femmes au Grand Siècle*, Paris, Hachette, 1984, 306 p.

FORESTIER, Georges. *Molière*, Paris, Bordas, 1990, 190 p.

GIBSON, Wendy. *Women in Seventeenth-Century France*, Houndmills, Macmillan, 1989, 440 p.

DE LA CROIX, Pierre. *La guerre comique, ou La défense de L'École des femmes*, Genève, Slatkine Reprints, 1968, 71 p.

MALLET, Francine. *Molière*, Paris, Grasset, 1986, 475 p.

PEACOCK, Noël. *Molière : L'École des femmes*, Glasgow, University of Glasgow French and German Publications, 1989, 76 p.

SIMON, Alfred. *Molière, une vie*, Lyon, La Manufacture, 1987, 555 p.

SUDAKA-BENAZERAF, Jacqueline. *L'École des femmes de Molière*, Paris, Nathan, 1989, 95 p.